D1723388

Daniel Appriou

100 LOCUTIONS HISTORIQUES EXPLIQUÉES

À mon père,
qui a su me faire découvrir et
aimer la langue française.

« Il en est des mots et des
locutions comme des fruits : il
y en a qui ne viennent jamais à
maturité, mais tombent pres-
que aussitôt qu'ils sont formés
ou sèchent sur l'arbre; d'au-
tres mûrissent malgré les
vents, les pluies et tous autres
obstacles d'une saison peu fa-
vorable. »

VAUGELAS

Sommaire

Avant-propos

Il convient de prendre le mot « historique » au sens large, puisque certaines des locutions qui suivent sont
d'origine purement historique, mais aussi d'origine mythologique, biblique, littéraire, etc.

LOCUTIONS
HISTORIQUES

Aller à Canossa

S'humilier devant un adversaire ou un ennemi, faire amende honorable, aller à Canossa, l'expression demeure quelque peu recherchée et rarement utilisée de nos jours.

Elle fait référence au conflit qui opposa le pape Grégoire VII à l'empereur germanique Henri IV en janvier 1077.

Se voulant un pape réformateur, Grégoire VII tenta de réorganiser certaines pratiques de l'Église de Rome par les réformes dites « grégoriennes » dont le but était de remettre de l'ordre dans les mœurs des prêtres en leur interdisant, entre autres choses, de prendre femme.

Jusqu'alors, les abbés et les évêques étaient choisis, investis par les princes, donc par des laïcs, auxquels ils se trouvaient soumis.

En 1074, les décrets papaux déclenchèrent la « Querelle des Investitures », les princes se voyant amputés d'une partie de leurs pouvoirs.

Refusant ces décrets, Henri IV essaya de faire déposer le pape au Concile de Worms en 1076, ce qui entraîna son excommunication immédiate. Ses vassaux furent

ainsi libérés de leurs obligations de féodalité et en profi-
tèrent pour se rebeller contre l'empereur.

Abandonné de tous, Henri IV dut se rendre à Canossa,
village des Apennins, où le pape avait trouvé refuge au
château fort de la reine Mathilde de Toscane. Il se présenta donc devant les douves en plein hiver en tenue de
pénitent pour implorer le pardon de Grégoire VII.

Une fois pardonné et réintégré au sein de l'Église, il
reprit le combat contre le pape qu'il parvint cette fois à
déposer, puis fut à nouveau excommunié et fit élire l'an-
tipape Clément VII.

Avoir découvert le pactole

Voir «Riche comme Crésus».

Avoir une épée de Damoclès au-dessus de la tête

Cette locution est fréquemment utilisée pour indiquer qu'un danger est prêt à s'abattre à tout instant sur une personne et à lui être fatal.

Cette fâcheuse situation fut vécue au IVe siècle avant J.-C. par Damoclès, courtisan de Denys l'Ancien, tyran de Syracuse, homme sans scrupules qui vivait enfermé dans un château entouré d'un fossé, sous la protection constante de sa garde et recouvert de sa cuirasse; il n'avait confiance en personne et même son barbier, dont le rasoir lui effleurait la gorge, représentait un danger permanent. Quand il ne pouvait dominer sa peur, il demandait à ses filles de lui brûler la barbe. Hors de portée de tout projectile, il ne s'adressait au peuple que du haut de sa tour.

Perpétuellement inquiet, Denys s'entoura de nombreux courtisans dont la tâche était de louer sa grandeur et de le rassurer. Il trouva en Damoclès un orfèvre en la matière. Ses propos et louanges dithyrambiques vantaient le bonheur de son maître à un point tel que Denys voulut lui démontrer que cette félicité, qu'il semblait envier, ne tenait qu'à un fil.

Denys proposa à Damoclès de prendre sa place pendant une journée afin qu'il pût juger par lui-même de la réalité des choses.

Paré des plus beaux atours royaux, brocarts d'or et d'argent, Damoclès s'assit à la place habituelle du tyran, à une table majestueusement garnie des mets les plus raffinés, servis par de jeunes éphèbes aussi gracieux que dévoués.

Au milieu du festin, il s'aperçut qu'au-dessus de sa tête était suspendue au plafond une épée que seul retenait un crin de cheval.

Aucune explication supplémentaire ne fut nécessaire pour faire comprendre au courtisan quelles terreurs perturbent la jouissance d'un pouvoir tyrannique.

Battre la chamade

> *« Je me mis sur nouveaux frais à presser la place jusqu'à ce qu'enfin la senora Mencia battît la chamade. »*

Le Sage

Sueurs froides, ou bouffées de chaleur, tremblements, mains moites, visage blême, autant de signes révélateurs qu'une crainte, qu'une angoisse ou une émotion nous étreint. Notre cœur se met alors à battre la chamade, tambourinant dans notre poitrine.

À l'origine, «battre la chamade» était une locution militaire désignant un signal donné par un tambour ou une trompette pour avertir que l'on souhaitait soit s'entretenir avec l'ennemi, soit se rendre.

Après un combat, l'ordre était aussi donné de battre la chamade afin d'obtenir une trêve pendant laquelle les deux camps s'autorisaient à ramener leurs morts vers leurs propres lignes.

Ces roulements de tambour ou coups de clairon étaient parfois mal interprétés ou étouffés sous la mitraille. Il s'ensuivait des «bavures» dramatiques et il fut décidé de doubler ces signaux sonores par un signal visuel, un drapeau blanc agité en signe de reddition ou demande de parlementer. Tous les pays adoptèrent ce signal qui remplaça définitivement le battement de la chamade.

Ça tombe comme à Gravelotte

Ces mots sont généralement utilisés, au temps présent, pour parler d'une pluie forte et drue; au temps passé, pour désigner, lors d'un combat, l'importance des pertes en vies humaines.

Lorsque, les 7 et 8 février 1807, Napoléon Ier remporta contre les Russes et les Prussiens la célèbre mais oh ! combien sanglante victoire d'Eylau, il déclara en substance que si les rois pouvaient voir un tel carnage, ils seraient à jamais dégoûtés de faire la guerre.

Napoléon III aurait pu se remémorer les mots de son ancêtre, au terme de la bataille de Gravelotte-Rezonville, le 16 août 1870, au sud-ouest de la ville de Metz.

L'armée du Rhin, sous les ordres du maréchal Bazaine, opposée à l'armée prussienne d'août à octobre 1870, dut se replier sur Metz sans essayer de faire la jonction avec l'armée de Châlons commandée par Mac-Mahon, ce qui sera reproché au maréchal.

Pourtant ce dernier s'était maintes fois illustré dès la guerre de Crimée, à la prise de Sébastopol, puis pendant la campagne d'Italie, à Solférino en 1859. La capitulation de Metz après quelques semaines de siège, le 27 octobre 1870, mit un terme à une effroyable boucherie qui avait commencé à Gravelotte-Rezonville le 16 août. Les rangs ennemis se trouvant sans cesse renforcés, le combat ne finit qu'avec le jour. L'armée française était parvenue à maintenir ses positions, mais à quel prix ! Les pertes étaient énormes.

Pour la seule journée du 16, 16 954 hommes furent tués, blessés ou portés disparus, dont 6 généraux et 831 officiers.

Le 18, pour la défense des lignes d'Armanvillers, les pertes se montèrent à 12 273 hommes, dont 6 généraux et 589 officiers.

Pour la période du 2 août au 7 octobre 1870, les Français perdirent 26 généraux, plus de 2 000 officiers pour un total de 42 462 hommes... en un peu plus de deux mois de combat.

Pour cette tuerie, Gravelotte détient un triste record. Malgré ceci, Bazaine écrivait peu après le 18 août : *« État moral bon, malgré les pertes énormes subies depuis le commencement de la campagne. »*

C'est la Bérézina!

Cette expression, qu'affectionnent particulièrement nos commentateurs sportifs quelque peu excessifs pour décrire l'échec d'une équipe de football, fait référence à la retraite de Russie et au passage de la rivière Bérézina, du 27 au 29 novembre 1812, consacrant l'erreur commise par Napoléon Ier de s'être attaqué à « l'ours russe ».

Le tsar Alexandre n'observant pas le blocus continental, Napoléon conçut le projet insensé d'envahir et de conquérir la Russie avec une armée de plus de 600 000 hommes, composée, entre autres, d'un tiers de Français, d'un tiers d'Allemands et de plus d'une centaine de milliers de Polonais.

Après la bataille de la Moskova, il marcha sur Moscou incendié par les Russes et dut faire retraite devant la politique de la terre brûlée décidée par l'ennemi. La retraite commença en octobre et se solda par une gigantesque catastrophe : 400 000 morts et 100 000 prisonniers ; la fatigue, le froid, la faim et les cosaques eurent raison de la Grande Armée.

Toute la nuit du 25 novembre, à la lueur des torches, les soldats du Génie, les pontonniers du général Éblé, travaillant dans l'eau glacée, réussirent à construire deux ponts sur la Bérézina ; l'un pour les débris de ce qui fut la « Grande Armée », l'autre, plus étroit, pour les canons, chariots et matériel.

Le maréchal Oudinot passa le premier avec la Garde impériale. Napoléon traversa à son tour, rentrant à Paris en toute hâte pour enrôler des troupes fraîches. Les uns après les autres, des milliers d'hommes se concentrèrent vers ces deux derniers espoirs de fuir les poursuivants.

Ney, en arrière-garde, tentait de contenir les cosaques, pendant que Victor, avec 9 000 hommes aidés de la légion polonaise de Dabrowski, faisait face à 40 000 soldats ennemis sur la rive russe.

Le 29, Éblé donna l'ordre de détruire les deux ponts, derniers espoirs pour des milliers de traînards qui finirent gelés ou noyés dans cette rivière tristement célèbre.

25 000 morts en trois jours, voilà ce que fut la Bérézina.

Convoquer le ban et l'arrière-ban

Nous pouvons convoquer le ban et l'arrière-ban de nos amis si nous souhaitons célébrer avec tous un événement ou succès qui nous tient particulièrement à cœur. Seront donc invités, non seulement les amis proches, mais aussi ceux que nous ne voyons qu'épisodiquement.

L'origine de cette locution familière remonte au Moyen Âge. Lorsque le suzerain devait affronter un ennemi, il convoquait le ban, ce qui correspondrait aujourd'hui à une mobilisation, un appel sous les drapeaux. À cette époque, les vassaux qui tenaient leur fief de leur roi devaient allégeance et aide militaire en cas de conflit.

Quand le danger était un péril extrême, le roi pouvait alors convoquer l'arrière-ban, c'est-à-dire qu'un bien plus grand nombre étaient appelés à prendre les armes. Ceci concernait non seulement les vassaux du ban, mais s'appliquait aussi à plusieurs couches sociales qui devaient participer à la défense. Dans ce dernier cas, les vassaux dits « indirects » (ceux qui n'étaient pas directement dépendants du suzerain) convoquaient leurs propres vassaux et tous se retrouvaient en une sorte de mobilisation générale, pour former l'ost, mot bien connu des cruciverbistes pour désigner une armée.

Eurêka!

« *Ma couronne est-elle bien en or pur ?* » demanda un jour à Archimède Hiéron, roi de Syracuse.

La solution ne parut pas évidente au savant grec dont les inventions et découvertes étaient pourtant aussi nombreuses que géniales.

Leibniz lui-même sera impressionné au point de déclarer : « *Ceux qui sont en état de comprendre Archimède admirent moins les découvertes des plus grands hommes modernes.* »

Il est vrai que la liste de ses inventions est impressionnante : de la vis sans fin qui porte son nom, à la théorie du levier (« *Donnez-moi un point d'appui assez solide et je soulèverai le monde* », disait-il), il rédigea nombre de traités sur la mesure du cercle, la spirale, la sphère, inventa la poulie, les roues dentelées, l'orgue mécanique et trouva d'innombrables applications à la géométrie et à la mécanique.

Cette question de Hiéron semblait à première vue d'une simplicité extrême pour un homme d'un tel génie. La solution au problème se fit pourtant attendre et c'est en prenant son bain que l'éclair aurait jailli. Archimède venait d'inventer l'hydrostatique, découvrant la loi de l'équilibre des corps et déterminant la poussée qu'un fluide imprime à un solide. Cette découverte le transporta d'une joie telle qu'il sortit dans la rue en criant « *Eurêka* » (« *j'ai trouvé* »), à qui voulait l'entendre.

La fin d'Archimède fut tragique. En 209 avant J.-C., les Romains mirent le siège devant Syracuse et il leur fallut trois années pour prendre la cité. Archimède mit son talent au service de sa ville en inventant des machines colossales pour projeter d'énormes pierres sur l'ennemi. Quand les galères romaines s'approchaient trop, elles se faisaient enlever par un machiavélique système de leviers armés de crampons et, une fois accrochées, elles étaient tirées et se brisaient sur les rochers. Les vaisseaux qui restaient à distance respectable des murailles s'embrasaient soudain. Archimède avait fait disposer de grands miroirs concentrant l'ardeur du soleil vers les coques.

Malgré tout le génie créatif d'Archimède, les Romains prirent la ville, et Marcellus, leur général, admiratif devant de tels stratagèmes, ordonna de laisser la vie sauve au savant grec. Alors qu'il était occupé à dessiner des figures géométriques sur le sable, il fut tué par un soldat à qui il n'obéissait pas assez vite. Il avait 75 ans. Depuis, tous les écoliers récitent un jour le «théorème d'Archimède».

Exercer le boycott, boycottage

Cette locution n'est pas acceptée de tous et certains dictionnaires refusent de la faire apparaître dans leurs pages, probablement à cause de son origine étrangère et parce que la langue française possède des expressions équivalentes : « mettre en quarantaine » ou « mettre à l'index ». Le verbe « boycotter » est cependant d'usage courant et a bien souvent pris le pas sur ses synonymes français parce que plus concis.

Irlande, 1880. La Ligue agraire provoque des manifestations de mécontentement au sein de la population paysanne irlandaise. Plusieurs fermiers, qui ne peuvent payer leur dû au propriétaire de leurs terres, sont chassés et remplacés. Cette pratique impopulaire fut tout d'abord appliquée par Charles Cunningham Boycott (1832-1897), ancien capitaine de l'armée, devenu régisseur des biens de Lord Erne dans le comté de Mayo en Irlande.

La Ligue agraire, menée par Parnell, décida de réagir à ces évictions en mutilant le bétail des propriétaires et en faisant obstacle aux ventes de leurs produits. Tous ceux qui n'obéissaient pas à la Ligue agraire furent mis à l'index. Le capitaine Boycott devint alors la victime d'une véritable conspiration et concentra sur sa personne l'entière vindicte du comté de Mayo. Les Irlandais se liguèrent pour l'empêcher de se procurer des biens, même ceux de première nécessité dont il se voyait refuser la vente. Les habitants de la région allèrent même jusqu'à refuser tout contact avec Boycott, ignorant sa présence et son existence.

Ce système de mise à l'index s'est maintes fois appliqué dans divers pays. Il le fut pour les produits allemands lors de la montée du nazisme, après la Seconde Guerre mondiale par les Chinois envers les marchandises japonaises ou par Gandhi à l'encontre des produits britanniques.

Faire amende honorable

« *Va, va-t-en faire amende honorable au Parnasse.* »

Molière

« *J'ai fait une amende honorable si complète qu'on ne peut rien me reprocher.* »

Chateaubriand

L'amende que nous connaissons de nos jours est une peine pécuniaire imposée par la justice ou la police. Tous les peuples depuis l'Antiquité ont eu recours à ce système de pénalité. Chez les Grecs, on pouvait finir ses jours entre quatre murs si la somme due ne pouvait être versée. C'est ce qui arriva à Mithridate qui devait 50 talents.

Dans l'ancienne France, la loi a montré plus d'imagination dans certains cas. Les criminels étaient condamnés à faire amende honorable, sorte de réparation ou punition publique où le coupable devait reconnaître devant tous les torts qui étaient siens.

Étaient condamnés à cette amende les sacrilèges et blasphémateurs, les faussaires et usuriers, les banqueroutiers et calomniateurs, ceux reconnus coupables de lèse-majesté et les séditieux.

Une mise en scène élaborée donnait à cette amende son originalité. Le condamné, en chemise et la corde au cou, nu-pieds et la torche à la main, devait s'avancer à genoux, tenu en laisse par le bourreau, jusqu'au parvis d'une église ou au pied de l'autel. Les badauds, prévenus du «spectacle», accouraient de tous les quartiers pour voir et entendre la justice passer. Le public était d'autant plus nombreux et attentif que le condamné était connu.

Deux princes durent se soumettre à cette cérémonie infamante :

• Louis le Débonnaire, empereur d'Occident, voulut donner l'apanage à Charles le Chauve, fils qu'il avait eu de Judith de Bavière. Ceci provoqua la révolte de ses autres enfants qui le firent déposer en 833 après qu'il eut fait amende honorable;

• Le second prince fut Raymond VI, comte de Toulouse, qui dut subir cette humiliation à Avignon en 1209. Accusé de l'assassinat du légat Pierre de Castelnau, une croisade fut prêchée contre lui et il dut faire amende honorable.

En 1791, le Code pénal supprima cette amende qui réapparut cependant de 1825 à 1830 au sujet de la loi du sacrilège.

Faire des crasses

L'origine historique de cette locution, empruntée à la langue familière sinon argotique, ne peut être attestée avec certitude mais pourrait bien remonter à l'époque romaine.

Dans les années 60 avant J.-C., dans sa soif de conquêtes, Jules César envahit la Gaule sous le prétexte d'éloigner Arioviste et ses hordes, qu'il reconduisit au-delà du Rhin.

Une fois les Germains repoussés, les Romains «oublièrent» de regagner leurs bases et s'installèrent en Gaule. Cette situation déplut aux Armoricains qui se rebellèrent dans leur péninsule. César, dont l'autorité ne supportait pas d'être bafouée, même par les ancêtres d'Astérix, décida de soumettre ce peuple impudent et envoya les 5 000 hommes de la légion Crassus, officiellement pour protéger l'Armorique d'autres invasions. Les «protecteurs» tentèrent de faire régner la *pax romana*, par la force quand cela était nécessaire. Venus officiellement pour apporter l'aide de Rome, Crassus se comporta comme en pays conquis profitant de la situation d'une façon éhontée. Devant «les crasses» de Crassus [dont le nom, comme le note Yann Brékilien, signifie en latin «stupide, grossier» (Brékilien, *Histoire de la Bretagne*)], les Armoricains se rebellèrent et l'envoyé de César, de protecteur officiel, se transforma en occupant preneur d'otages.

L'hiver suivant son arrivée, Crassus voulut réquisition-ner toutes les réserves de blé de la péninsule sans doute comme tribut de sa bienveillante protection. Mais dans «plusieurs petits villages tranquilles d'Armorique» que nous connaissons bien, cet impôt fut refusé et les en-voyés de Crassus furent capturés et gardés comme mon-naie d'échange contre les otages que détenaient toujours les Romains.

Ce qui est certain, c'est que César contraignit définiti-vement les Armoricains après la défaite navale qu'il leur infligea dans le golfe du Morbihan en 56 avant J.-C.

Faire le zouave

Cette locution familière, qui signifie « faire le malin, le mariole, le zigoto », a emprunté son nom aux régiments de zouaves créés par le général Clauzel pendant la conquête de l'Algérie en 1831. Le mot « zouave » vient du nom « zouaouas », tribus kabyles dont étaient composés les premiers bataillons d'infanterie encadrés par des officiers français. Dès 1852, ce corps ne recrutait plus d'indigènes mais des Français de toutes classes désirant échapper à une vie civile parfois mouvementée.

L'uniforme du zouave, de style oriental, ne pouvait certes pas passer inaperçu. Créé par La Moricière, il se composait d'une veste bleu foncé décorée de tresses de laine garance (rouge vif), jaunes pour les zouaves de la Garde impériale, d'une ceinture longue de 4,80 mètres sur 40 centimètres, le tout rouge vif, pantalon mauve, turban blanc ou vert ou chéchia bleu foncé avec glands de tresse en soie bleue, porté sur l'arrière du crâne rasé sur le devant, guêtres noires, sac et gibernes turcs, surmontés en campagne d'un fagot de bois.

Un tel personnage armé de son long fusil était sûr de son effet lorsqu'il rentrait en uniforme dans son village. Certains zouaves devaient sans nul doute profiter d'un tel accoutrement pour se faire valoir aux yeux des amies ou voisines, d'où l'expression « faire le zouave ».

La Moricière créa en 1860, à la demande du pape, une armée de volontaires habillés en zouaves (les Zouaves pontificaux), originaires de France et de Belgique, au nombre de 6 000 hommes.

Entre 1860 et 1865, pendant la Guerre de Sécession, les Américains du Nord créèrent dix régiments de zouaves à l'uniforme légèrement différent. Le Brésil et la Turquie avaient encore il y a peu de tels régiments.

Les zouaves et les régiments de l'armée d'Afrique furent dissous en 1964. Mais en 1982, la ville de Givet dans les Ardennes vit la création du 9e Zouave au fort de Charlemont.

Aujourd'hui, le zouave le plus connu est celui du pont de l'Alma, œuvre du sculpteur Georges Diébolt. Lors des crues de la Seine, imperturbable, le zouave regarde l'eau lui monter au-dessus des guêtres sans sourciller.

Fier comme Artaban

Artaban est un personnage du tragédien et romancier français Gautier de La Calprenède, auteur au XVIIe siècle de fictions historiques. Dans l'une d'entre elles, *Cléopâtre*, Artaban représente le type même de l'amant dont la fierté est demeurée légendaire.

Bien avant cela, au début de notre ère, Artaban fut le nom de six princes persans.

Artaban III, roi des Parthes de l'an 18 à 44 après J.-C., fut détrôné deux fois et réussit toujours à remonter sur le trône. Il demeura le symbole de la fierté de son peuple en résistant aux influences helléniques, chaldéennes et romaines.

Les délices de Capoue (connaître...)

Il n'est point conseillé de succomber aux délices de Capoue, car grand est le risque de se laisser aller, de s'amollir, d'oublier la réalité, en un mot, de se voiler les contraintes de l'existence, les vicissitudes de la vie.

La ville italienne de Capoue, fondée cinquante ans avant Rome, fut fatale aux troupes carthaginoises d'Annibal en 215 avant J.-C. Pourtant l'Africain avait défait les légions romaines à Cannes, après avoir taillé en pièces 80 000 légionnaires qui restèrent « sur un champ de sang ».

Après cette victoire, l'une des plus célèbres de l'Antiquité, Capoue ouvrit grand ses portes aux vainqueurs, trop heureuse de pouvoir ainsi contrarier Rome, sa rivale, envers laquelle elle nourrissait une jalousie extrême.

Annibal y prit donc ses quartiers d'hiver, succombant aux délices de cette ville, où ses troupes furent accueillies à bras ouverts. En fait, Capoue était la Babylone de l'Italie, ville de débauche et de corruption auxquelles ne surent résister les nouveaux vainqueurs.

À ce moment, si les Carthaginois avaient marché sur Rome, peut-être la Ville éternelle aurait-elle tremblé;

mais Annibal préféra laisser ses troupes perdre l'avantage de la victoire, se laisser aller aux délices de Capoue et perdre leur combativité. Il y attendit des renforts qui ne vinrent jamais. Une fois encore, Rome était sauvée.

Mais Capoue ne devait pas emporter cette trahison au paradis. Reprise par les Romains, la ville perdit tous ses privilèges. Les édiles et responsables furent exécutés ou exilés. Les habitants furent éparpillés comme si l'on voulait détruire le souvenir même de la ville. Pour remplacer la population, les Romains firent venir des colons étrangers. Rome craignait peu de choses au monde. Seule la honte l'effrayait et Capoue avait blessé son amour-propre.

C'est dans cette ville que Spartacus, en 73 avant J.-C., fomenta la révolte des esclaves, la dernière mais aussi la plus grave à laquelle Rome ait dû faire face.

La ville actuelle de Capoue se trouve à cinq kilomètres de l'ancienne rivale de Rome, comme l'attestent les ruines encore visibles.

Limoger

« *Priver un officier ou fonctionnaire de son emploi par révocation, déplacement, etc.* » Telle est la définition que nous donne le *Petit Larousse* pour le mot « limoger ».

Associée à la ville de Limoges, l'idée de limogeage n'est certes pas agréable et nombre d'habitants déplorent depuis longtemps l'amalgame fait entre leur ville et cette mesure impopulaire.

Dans les années 80, un autre mot apparut brièvement dans la presse française : le verbe « hazebroucker », de la ville de Hazebrouck, suite à la mutation autoritaire dans cette ville d'un juge parisien quelque peu encombrant.

L'origine de « limoger » remonte à septembre 1914. Le maréchal Joffre, le vainqueur de la Marne, affecta d'autorité à Limoges 134 officiers généraux qui furent jugés incapables ou inaptes à faire campagne.

Aujourd'hui, « limoger » s'applique à un cadre plus large et non plus militaire et signifie « renvoyer, priver de responsabilité ».

Oiseau de mauvais augure

> *« Allez, Catilina, ne crains point les augures. »*
>
> Voltaire

Caton l'Ancien, Tite-Live et Cicéron tenaient cette croyance pour ridicule.

À Rome, les augures étaient les prêtres chargés d'observer les présages du ciel et d'en avertir les autorités dont la politique dépendait en grande partie de ce qui était ainsi annoncé. Les augures formaient un des quatre collèges sacerdotaux. Tout d'abord au nombre de trois, on compta jusqu'à quinze augures et rien ne pouvait être décidé sans consultation de leur avis. Déclaraient-ils que les dieux n'étaient pas bien disposés, tout était alors interrompu. Nous comprenons ainsi l'extrême importance de ce corps auquel seuls les patriciens eurent d'abord accès.

Les cérémonies augurales étaient compliquées et accompagnées d'un rite très élaboré.

Vers minuit, sur le *pomoerium*, grand chemin inculte qui ceinturait Rome à l'extérieur des murailles, les augures allaient prédire l'avenir à l'entrée d'une tente. Ils étaient vêtus de leur toge et tenaient leur bâton augural, fait dans un bois sans nœud, symbole de leur dignité.

Il y avait deux types d'augures : l'auspice et l'augure proprement dit. Le prêtre observait avec soin le vol des oiseaux, puis écoutait leur chant avant de formuler des prophéties. Certains volatiles étaient parfois mis à mort. L'augure étudiait alors leurs mouvements d'agonie, puis « lisait » dans leurs entrailles. Selon le résultat, l'oiseau se révélait être de bon ou mauvais augure et l'avenir immédiat de la cité était suspendu aux lèvres du prêtre.

Si nous en croyons certains historiens, les oiseaux étaient parfois remplacés par un être humain immolé sur un autel.

Ce genre de présage ou de divination se retrouvait chez les Mexicains pour qui les aigles, vautours, corbeaux, cygnes et même les insectes, étaient annonciateurs de bienfaits ou de malheurs.

Aujourd'hui, nous qualifions de bon ou de mauvais augure ce qui nous laisse présager quelque chose d'heureux ou de désagréable.

Mot de Cambronne or not mot de Cambronne

Nul n'est besoin de préciser de quoi il s'agit puisque c'est le mot de cinq lettres le plus connu de la langue française. C'est aussi celui qui fut attribué à Cambronne à la bataille de Waterloo.

Le général breton avait suivi l'Empereur à l'île d'Elbe en tant que commandant des quatre cents hommes que le traité de Fontainebleau avait octroyés à Napoléon.

En 1815, lors de la déroute de Waterloo, Cambronne demeura à la tête du « dernier carré » de la Vieille Garde et, alors que tout était perdu, l'officier anglais lui suggéra de se rendre. Le général aurait répondu le mot de cinq lettres (du moins certains l'affirmèrent-ils), ou « *La Garde meurt et ne se rend pas* », phrase oh! combien magnifique que l'on grava en 1845 sur le socle de sa statue à Nantes.

Cette fière réplique fut cependant contestée en maintes occasions et en particulier par les descendants du général Michel qui l'attribuaient à leur père. Il y eut procès mais le Conseil d'État évita de trancher.

Au début du siècle, la ville de Nantes organisa une exposition d'objets napoléoniens et, dans une vitrine, une étiquette expliquait que la montre que l'on y voyait était un cadeau de l'Anglaise Mary Osburn, vicomtesse Cambronne, offert à son époux « *le jour où celui-ci jura n'avoir pas dit le mot* » (de cinq lettres). L'épouse de Cambronne avait la réputation d'être d'une grande rigidité morale, et que son célèbre époux eût répondu *le mot* à un officier anglais était sans doute « shocking ».

Pieux mensonge destiné à ne pas créer de zizanie dans le ménage ou non, nul ne le saura jamais ; cependant, il est permis d'en douter si nous repensons à ce que le général aurait déclaré en 1830, lors d'un banquet en son honneur :

« *Non, je n'ai pas dit 'La Garde meurt et ne se rend pas', mais, sommé de déposer les armes, j'ai répondu quelques mots moins brillants, certes, mais d'une énergie plus naturelle.* »

Passer, franchir le Rubicon

«Franchir le Rubicon» se dit au moment de prendre une décision grave après avoir pesé toutes les conséquences qui pourraient en découler et en les acceptant par avance.

Le Rubicon était une petite rivière se jetant dans l'Adriatique et qui aujourd'hui porte le nom de Fiumicino. Dans l'Italie ancienne, elle servait de limite entre la Gaule et l'Italie.

«*Alea jacta est*», le sort en est jeté. Ainsi se serait exprimé Jules César en traversant le Rubicon dans la nuit du 11 au 12 janvier de l'an 49 avant J.-C.

Jules César, alors proconsul de la Gaule cisalpine, auréolé de ses conquêtes et victoires passées, se trouvait hors d'Italie, à la tête de troupes importantes. À Rome, le triumvirat Pompée-César-Crassus, dissous après l'assassinat de ce dernier, amena Pompée à se faire nommer consul unique par le Sénat avec les pleins pouvoirs.

La présence en Gaule de Jules César ne pouvait que représenter une menace pour l'exercice d'un pouvoir que Pompée le Grand voulait sans partage. Il exigea donc du Sénat le retour du proconsul en Italie et le démantèlement de son armée, véritable épée de Damoclès au-dessus de ses lauriers. Aussi avide de pouvoir que Pompée,

César ne pouvait accepter cette mise en demeure et décida de marcher sur Rome à la tête de ses troupes.

Cette situation périlleuse avait déjà été envisagée, bien auparavant, par la République romaine. Amasser des troupes, de surcroît victorieuses, aux portes du pays ne pouvait qu'aiguiser l'appétit de pouvoir d'un chef ambitieux.

La République avait donc prévu de se protéger de toute «invasion» par ses propres soldats; un sénatus-consulte interdisait à tout général romain de passer la rivière Rubicon à la tête de ses troupes, qu'il s'agisse d'une seule légion ou même d'une simple cohorte, sans en avoir reçu l'ordre. Celui qui oserait défier l'autorité du Sénat serait déclaré sacrilège et voué aux dieux infernaux.

La menace ne sembla pas impressionner Jules César, ou du moins pas suffisamment pour l'empêcher de traverser le Rubicon avec ses légionnaires, après avoir prononcé la fameuse phrase, et de transgresser ainsi l'interdit.

Ce fut le déclenchement de la guerre civile. Pompée s'enfuit en Grèce où, rattrapé par César, il fut vaincu à la bataille de Pharsale.

Passer sous les fourches caudines

Ceci signifie subir des conditions humiliantes. Le mot «caudines» vient de Caudium, ville de l'Italie ancienne où les armées romaines subirent une défaite cuisante en 321.

Claudius Pontius Herennius, général des Samnites (peuple habitant entre la Campanie et le Latium), en guerre contre les Romains pour obtenir l'indépendance, s'est rendu célèbre par un stratagème dont les légions romaines furent les victimes.

Le général, qui bivouaquait près de Caudium, envoya deux groupes de cinq soldats déguisés en bergers garder des moutons non loin des avant-postes ennemis. Les faux bergers reçurent l'ordre de se laisser capturer et récitèrent la leçon qu'ils avaient apprise.

Selon leurs dires, les légions samnites assiégeaient Luceria, ville alliée des Romains. Ces derniers n'eurent aucune raison de mettre en doute les déclarations des faux bergers puisqu'elles concordaient parfaitement.

Pour parvenir à la cité assiégée, l'armée romaine dut passer par les «fourches caudines», défilés profonds et étroits couverts de bois dont l'extrémité fut bloquée par des troncs d'arbres et des rochers. Voulant rebrousser chemin, l'armée romaine se trouva prise au piège, les Samnites empêchant toute sortie.

Pontius s'adressa aux Romains en ces termes, rapportés par Tite-Live : « *La guerre est terminée. Vous êtes contraints de passer sous le joug des armes couverts d'un simple vêtement. Les colonies établies sur le territoire des Samnites seront évacuées et les deux peuples vivront désormais dans la concorde.* »

Le traité fut accepté par Rome et les soldats durent passer sous le joug.

Balzac utilise l'expression à propos « *d'un pauvre homme (qui dut) passer sous les fourches caudines du ridicule* ».

Riche comme Crésus

« Il faut plaindre les riches. »

A. France

Roi de Lydie en Asie Mineure au VIe siècle de notre ère, Crésus devait sa richesse aux sables aurifères du Pactole, rivière dont les flots roulaient des paillettes d'or depuis que le roi Midas, celui aux oreilles d'âne, s'y était baigné pour se rincer et ainsi perdre son pouvoir de transformer en or tout ce qu'il touchait, même la nourriture et la boisson, ce qui le faisait mourir de faim et de soif.

Crésus, profitant de ces richesses, voulut éblouir par ses trésors et ses palais le philosophe athénien Solon, se vantant d'être l'homme le plus heureux car le plus riche; le sage Solon lui dit que nul homme ne peut dire s'il a été heureux qu'au moment de mourir.

Comme si cette parole devait être prémonitoire, les malheurs commencèrent à s'abattre sur Crésus et sa famille. Il perdit en effet un de ses fils, Atys, victime d'un accident de chasse, et son second fils devint muet sans raison.

Plus tard, s'étant fié à l'oracle de Delphes qu'il n'avait pas su interpréter, Crésus se lança dans une guerre dont le but était de venger le roi des Mèdes qui avait été renversé par son petit-fils Cyrus. Vaincu, il vit sa capitale mise à sac et fut sauvé in extremis de la mort par son fils muet qui, de frayeur, retrouva soudain l'usage de la parole pour le prévenir du danger.

Fait prisonnier par Cyrus, il fut condamné au bûcher; au moment de mourir dans les flammes, il se souvint du philosophe grec et s'écria par trois fois: «Ô Solon! Solon!» Cyrus, qui l'entendit, voulut comprendre le sens de ces paroles et, réfléchissant sur l'instabilité des grandeurs humaines, décida de lui sauver la vie, d'en faire son conseiller et son ami.

S'en laver les mains

> « *Le lavement des mains ne rend pas l'âme nette.* »

> J. de La Ceppède

Si nous ne voulons pas être tenus pour responsables d'une action, nous déclarons que nous nous en lavons les mains, refusant ainsi par avance toute incrimination.

C'est ce que fit Ponce Pilate, gouverneur de Judée dont l'administration était faite de violence, cruauté et perfidie. Pendant le procès du Christ, il eut un comportement d'homme faible tentant de ménager toutes les parties, refusant de se prononcer, essayant d'éluder le problème qui lui était soumis.

Craignant les plaintes que le peuple aurait pu porter contre lui devant l'empereur, inquiet pour son avancement, effrayé par les menaces des Juifs, il fit fouetter le Christ dans l'espoir d'apaiser la fureur grandissante.

Sans doute convaincu de son innocence, il tenta bien de le sauver en profitant de l'usage pascal où l'on libérait un prisonnier; il proposa au peuple de relâcher Jésus ou un brigand du nom de Barrabas. La foule préféra le larron à l'innocent.

Quand les Pharisiens menacèrent d'accuser Pilate auprès de César, le procurateur sacrifia ses sentiments à sa propre sécurité et fit crucifier le Christ. Pour bien montrer qu'il n'avait aucune responsabilité dans ce châtiment injuste, il se lava publiquement les mains.

Se prendre pour la 8ᵉ merveille du monde

> *« Il est bien des merveilles en ce monde; il n'en est pas plus grande que l'homme. »*

Sophocle

De nombreux lieux de par le monde se réclament d'être la 8ᵉ merveille du monde. En France, le Mont-Saint-Michel, selon certains, semble mériter cet honneur tant la majesté et la grandeur du lieu en imposent aux visiteurs.

Il est pourtant difficile de juger et de comparer de tels chefs-d'œuvre avec les sept merveilles du monde « officielles » des Anciens.

En voici la liste par ordre chronologique, bien que les auteurs ne s'accordent pas sur ces dates :

• Vers 2700 av. J.-C., Sémiramis fit construire les jardins suspendus de Babylone ainsi que de nombreux monuments dont un palais de cinq kilomètres de tour. La magnificence du lieu valut à la ville le titre de « Reine de l'Orient » ;

• Vers 2600 av. J.-C., en Égypte, les trois pharaons de la IVᵉ dynastie, Khéops, Khéphren et Mykérinos, père, fils et petit-fils, firent construire les trois pyramides bien connues. Elles ont respectivement 142, 133 et 54 mètres de haut;

• 400 ans av. J.-C. : Phidias, le plus grand sculpteur de l'Antiquité, réalisa à Olympe la statue de Jupiter Olympien;

• 378 av. J.-C. : Artémise fit élever à Halicarnasse, en Asie Mineure, un tombeau à la gloire de son époux Mausole : le Mausolée. Avec 11 mètres de haut sur 126 mètres de long, le monument était surmonté d'une pyramide où se tenait la statue de Mausole assis dans un quadrige de marbre. L'ensemble mesurait 43 mètres de haut. Sa masse et l'art déployé lui valurent cette place glorieuse;

• 285 av. J.-C. : Ptolémée fit relier l'île de Pharos à Alexandrie par la construction d'un môle de 1 300 mètres de long au bout duquel fut érigée une tour de marbre blanc de 135 mètres de haut. La nuit, un feu, visible à 100 milles nautiques des côtes, brûlait en permanence pour guider les marins. Ce phare fut ébranlé à plusieurs reprises par les tremblements de terre. En 1182, il ne mesurait plus que 22 mètres avant de s'écrouler totalement en 1302;

• 285 av. J.-C. : sur l'île de Rhodes dans la mer Égée, fut érigée la statue en bronze du colosse, haute de 32 mètres, représentant Apollon. Les navires, toutes voiles dehors, pouvaient passer entre ses jambes écartées. Lui aussi s'écroula suite à un tremblement de terre;

• 103 av. J.-C.: le temple de Diane à Éphèse (Turquie actuelle) fut détruit par Érostrate (que certains auteurs qualifient de fou) qui y mit le feu pour immortaliser son nom. Il avait fallu 220 années de travail pour construire ce magnifique monument aux 127 colonnes de 20 mètres de haut chacune.

Des sept merveilles du monde, seules les Pyramides ont survécu aux siècles, mais dans le langage courant, d'autres merveilles les ont remplacées. Nous avons tous rencontré une personne dont on dit qu'elle se prend pour la 8e merveille du monde; mais 7 étant un chiffre «sacré», elle a peu de chances de se voir homologuer!

Taillable et corvéable à merci

À l'origine, la taille et la corvée étaient des impôts, le premier levé par le roi et le second exigé par le seigneur. Ces impôts n'étaient perçus que sur les roturiers; seuls les nobles et les ecclésiastiques en étaient exempts, le peuple était, lui, taillable et corvéable à merci.

La taille devait tout d'abord être un impôt temporaire que les souverains levaient pour tenir lieu de service militaire et pour subvenir à l'entretien de la troupe. Elle s'appliquait à une certaine quantité de denrées que l'on coupait ou taillait en deux parts, l'une pour le souverain, l'autre pour le contribuable.

Au XIᵉ siècle, la taille fut étendue pour participer aux frais de mariage de la fille du roi, puis pour payer les rançons et ensuite pour aider aux Croisades. De temporaire, la taille devint annuelle et les ecclésiastiques, pour imiter leur roi, décidèrent, eux aussi, de la percevoir sur le dos du peuple quand le pape réclamait une aide financière. Tous les seigneurs, des plus puissants aux plus humbles, taillèrent leurs sujets à merci mais quand un gentilhomme était dégradé, lui aussi devenait taillable. Le roi avait la possibilité de modérer les excès de ses seigneurs si ceux-ci abusaient de leur pouvoir. Sous Louis XI, cet impôt s'élevait à 31 millions de livres, sous François Iᵉʳ, il passa à 9 millions et sous Henri III, culmina à 32 millions pour descendre à 23 millions à la

Révolution avant d'être définitivement supprimé... mais remplacé.

La corvée, elle aussi, était un impôt féodal payé en nature. «Les serfs et gens de main morte étaient taillables et corvéables à merci», c'est-à-dire qu'ils devaient travailler un jour par semaine pour le seigneur, soit 52 jours par an. Comme le clergé leur interdisait de travailler le dimanche et durant près de 50 jours de fêtes religieuses, les corveieurs n'avaient plus qu'environ 200 jours pour nourrir leur famille. Aux corvées seigneuriales, venaient s'ajouter les corvées royales pour l'entretien des routes et chemins. L'impôt devenant de plus en plus lourd, les gouvernements successifs des rois Louis XII, Charles IX et Henri III, qui souhaitaient mettre un terme à la féodalité, parvinrent à en limiter les excès. Il fut ordonné qu'il ne pourrait y avoir plus de 12 corvées par an, pas plus de 3 corvées par mois et qu'elles devraient être espacées dans le temps.

Le peuple, néanmoins écrasé par cet impôt (que Necker considérait comme *« une heureuse idée fiscale »*), méprisé et traité comme du bétail, exploité sans retenue, se souleva sous Louis XIV. Quand, en 1673, on établit le papier timbré à un sou la feuille, puis le monopole du tabac à 20 sous la livre, la révolte fut terrible et sanglante en Bretagne où les paysans brûlèrent de nombreux châteaux après avoir molesté leurs occupants. En juin 1675, le Code paysan exigea l'abolition en Armorique du «droit de champart (perception sur l'héritage) et de corvée». La répression fut cruelle : *« On dit qu'il y a 5 ou 600 bonnets en basse Bretagne qui auraient bien besoin d'être pendus pour leur apprendre à parler. »* (Madame de Sévigné, 3 juillet 1675)

En 1776, Turgot fit supprimer la corvée, cet impôt inique dont l'abolition est oh! combien symbolique d'une première faille dans les prérogatives et privilèges des nobles et ecclésiastiques !

La Convention nationale décida en 1793 que personne, à cette date, ne serait plus, en France, taillable et corvéable à merci, du moins au sens propre de la locution !

Tous les chemins mènent à Rome

Nous utilisons cette expression, dans son sens abstrait, pour indiquer qu'il existe diverses façons de parvenir au même but. Le choix de Rome ne s'est pas effectué par hasard.

Centre politique, économique et historique du monde méditerranéen, Rome était le centre d'une vaste toile vers où tout convergeait. Afin de faciliter cette concentration en un seul lieu, les différents points de l'Italie, et plus tard de l'Empire, furent reliés à la capitale par les célèbres voies romaines.

La plus célèbre et aussi la plus ancienne est la voie Appienne, commencée par Appius Claudius en 312 avant notre ère. Au début, elle n'allait que de Rome à Capoue. Du pied du Capitole, par l'arc de Titus et celui de Constantin, elle sortait de Rome décorée d'arcs de triomphe, mausolées et temples, bordée de milliers de sépulcres érigés par les familles patriciennes auxquelles ce privilège était réservé. Elle était aussi parsemée sur 565 kilomètres de bornes milliaires. Celle que l'on a surnommée la *Regina Viarum* est la plus ancienne des voies romaines et, après plus de vingt siècles, certaines portions en sont encore visibles. Elle a résisté aux intempéries, aux chariots et aux envahisseurs grâce à une construction exemplaire. Le plus souvent, des condamnés étaient chargés de la réalisation des travaux : sur une couche de mortier faite de chaux et de sable étaient placées des pierres plates reliées par un ciment des plus résistants. Un second lit de pierres grossières mêlées à du ciment était recouvert de terre bien tassée sur laquelle venaient reposer les grandes dalles de pierre basaltique polygonales de formes variées. La largeur totale (plus de 4 mètres) permettait à deux chars de se croiser. De chaque côté, des trottoirs de 1,50 mètre de large délimités par une bordure de pierre longeaient la *Via Appia Antica*. Tous les douze kilomètres environ, les voyageurs trouvaient déjà de quoi se restaurer, se loger, changer de monture. Un véritable travail de Romain !

Sur toutes les voies qui quittaient Rome venaient se greffer des axes de communication qui reliaient les trois mers entourant la péninsule.

Rome était vraiment le centre d'un monde. Tout convergeait vers elle, les richesses de l'Italie, les céréales du nord, l'huile d'olive du sud, les vins de Sicile, les cargaisons de sa flotte, les théories d'esclaves enchaînés, les prises de guerre, les caravanes de marchands pacifiques, et plus tard les hordes d'envahisseurs belliqueux; tous les chemins menaient à Rome, ogre gigantesque qui avalait tout, digérait tout, survivait à tout.

Nous avons compté 14 voies partant de Rome :

• la *Via Appia,* de Rome à Brindisi sur 565 kilomètres;
• la *Via Aurelia*, de Rome à Arles;

- la *Aurelia Nova* qui rejoignait l'Aurélie;
- la *Collatina* de Rome à Collatia;
- la *Via Flaminia* reliant Rome à Rimini sur 250 kilomètres;
- la *Via Labicana*, 44 kilomètres de Rome à Labicum;
- la *Via Latina* de Rome à Bénévent, 281 kilomètres;
- la *Via Nomentana*, 18 kilomètres entre Rome et Eretum;
- la *Via Ostiensis* qui reliait la capitale à son port d'Ostie distant de 24 kilomètres;
- la *Via Portuensi*s mettait l'embouchure du Tibre à portée des marchands;
- la *Via Praenestina* entre Rome et Preneste, 34 kilomètres;
- la *Via Salaria* entre Rome et Hadria; c'est par cette voie que les Sabins allaient chercher leur sel à la mer (22 kilomètres);
- la *Via Tiburtina*, reliant Rome à Tibur, 30 kilomètres;
- la *Via Triomphale* qui rejoignait la Via Cassia pour traverser l'Étrurie.

Au-delà de la péninsule, les provinces romaines furent aussi reliées entre elles par des voies militaires atteignant toutes les extrémités de l'Empire. La Gaule, nous l'avons vu, était coupée de quatre voies consulaires dont Lugdunum était le centre.

Un blanc isabelle

Cette couleur est mitoyenne entre le blanc et le jaune, mais avec une prédominance de ce dernier. L'expression s'emploie principalement pour un cheval, un isabelle.

Cette nuance viendrait du vœu fait par Isabelle la Catholique au XVe siècle. A cette époque, le royaume de Grenade, au sud de la péninsule Ibérique, était aux mains des Maures, des Infidèles, depuis 756, date de sa fondation par les Arabes. La ville de Grenade, dont les monuments actuels témoignent encore de la magnificence, devint la capitale du royaume musulman.

Cette épine au talon de la très religieuse Espagne irritait les Rois Catholiques Ferdinand II et Isabelle. Cette dernière avait fait vœu de ne point changer de vêtements tant que la ville de Grenade ne serait pas libérée des musulmans. Elle dut attendre jusqu'en 1492 et imperceptiblement ses chemises, jupons et autres sous-vêtements, qui avaient été un jour immaculés, prenaient une couleur et une odeur moins agréables aux yeux et aux narines. Le blanc isabelle était né.

Un coup de Trafalgar

Cette locution nous rappelle le tragique combat naval des flottes française, espagnole et anglaise au nord-ouest de Gibraltar entre Cadix et Tarifa, le 21 octobre 1805. Cette défaite désastreuse résonna en France «comme un coup de Trafalgar», tant les conséquences furent énormes pour l'avenir maritime de notre pays.

Nelson «périt au milieu de sa victoire», tandis que Gravina, commandant la flotte espagnole, succomba peu après à ses blessures. L'amiral Villeneuve fut fait prisonnier. Décidément, Napoléon n'eut jamais de chance avec sa marine. Dans son *Mémorial de Sainte-Hélène*, désabusé, il regretta amèrement que ses marins n'aient pas été à la hauteur de ses grognards :

« J'ai passé tout mon temps à chercher l'homme de la marine, sans avoir jamais pu le rencontrer... Je n'ai jamais pu trouver entre eux et moi d'intermédiaire qui sût les faire mériter. »

Ceci peut expliquer pourquoi les noms des amiraux de l'Empire furent petit à petit ensevelis sous la poussière de l'oubli.

Trafalgar mettait un terme aux espoirs de Napoléon de rivaliser avec les Anglais qui, irrémédiablement, devenaient les maîtres des mers. Pourtant l'amiral Cosmao-

Kerjulien peut être considéré à juste titre comme un vainqueur à Trafalgar.

Le 21 octobre 1805, après que Villeneuve eut été fait prisonnier, le commandement échut au contre-amiral Magon puis au capitaine de vaisseau Cosmao-Kerjulien. L'officier breton, commandant le *Pluton*, réussit à se débarrasser des bâtiments anglais qui le pressaient pendant la bataille en les mettant hors de combat. Le lendemain de la bataille, après une nuit de tempête d'une rare violence, Cosmao, avec un équipage réduit de moitié et le navire percé de toutes parts, donna l'ordre aux vaisseaux français encore capables de tenir la mer de le suivre pour donner la chasse à la flotte anglaise victorieuse.

Ayant réuni le *Pluton*, deux vaisseaux, cinq frégates, deux corvettes françaises ainsi que deux vaisseaux espagnols, la flottille parvint à rejoindre les navires anglais qui tiraient derrière eux un bon nombre de prises. Devant cette volte-face d'un ennemi qu'ils croyaient vaincu et découragé, l'amiral Collingwood, successeur de Nelson, se vit contraint d'abandonner deux des vaisseaux capturés dont Cosmao s'empara. Craignant un nouveau combat d'arrière-garde de la part des Français, Collingwood préféra couler quatre autres prises plutôt que de les voir récupérer par la Marine impériale.

Ces succès ne suffirent pas à atténuer le «coup de Trafalgar», et jamais Napoléon ne parviendra à envahir l'Angleterre.

Une victoire à la Pyrrhus

> *« ... ordre, discipline et coura-*
> *ge mesuré, toutes vertus annon-*
> *ciatrices (...) de succès véritables*
> *et non pas de victoires à la*
> *Pyrrhus. »*
>
> (à propos de l'armée Patton)
> J. Appriou, *Mémoires*

Cette locution signifie qu'une victoire a été si chèrement payée que les profits que l'on peut en tirer sont anéantis par les pertes subies. Le succès à l'origine de cette locution est celui que Pyrrhus, roi d'Épire, remporta en 279 av. J.-C.

Pyrrhus, le meilleur général grec de son temps, conquit la Macédoine grâce à l'enthousiasme que sa valeur militaire éveilla chez les Macédoniens qui croyaient voir en lui un nouvel Alexandre le Grand.

Répondant aux appels au secours de la ville de Tarente, Pyrrhus monta une expédition contre l'Italie. Ses troupes rencontrèrent l'armée romaine à Héraclès et remportèrent la victoire grâce à l'effroi que suscitèrent ses éléphants sur les légionnaires romains.

Victoire certes, mais si coûteuse en vies humaines que vainqueurs et vaincus s'en trouvèrent dramatiquement affaiblis.

Pyrrhus connut plus tard la défaite en 274 face au consul Dentatus. Il mourut à Argos pendant un combat de rue, tué par une tuile lancée du haut d'un toit par une vieille femme.

Un travail de Romain

Deux exemples suffiront à faire comprendre ce que l'on entend par « un travail de Romain ».

Le Pont du Gard, situé à une vingtaine de kilomètres de Nîmes, est un aqueduc construit dans les années 30 av. J.-C. sur l'ordre d'Agrippa. Administrateur de la Gaule, il s'efforça également de développer le réseau routier par la construction de voies dont le réseau principal avait pour centre Lugdunum (Lyon).

L'adduction d'eau était aussi un des principaux soucis des Romains comme en témoignent, à Rome, les nombreux vestiges d'aqueducs et les thermes de Caracalla.

Pour mener l'eau jusqu'à Nîmes, il fallait enjamber la vallée du Gardon et seul un pont de 49 mètres de haut permettait de joindre les deux versants distants de 272 mètres. Il se compose de trois rangées d'arches : la première en compte 6, la seconde, 11 et le rang supérieur 37. La construction d'un tel monument laisse rêveur quand nous savons que les énormes pierres reposent les unes sur les autres sans ciment et qu'à la base, une arche a une ouverture de 25 mètres et 6,50 mètres d'épaisseur.

Pline écrivait au sujet des aqueducs romains : « *Il n'est pas de travail plus merveilleux au monde.* »

Le deuxième exemple, célèbre dans le monde entier, est le Colisée. Commencé sous Flavius Vespasien en 72 et terminé sous Titus, huit ans plus tard, l'Amphithéâtre Flavien fut construit par 1 200 Juifs faits prisonniers après la prise de Jérusalem. De forme elliptique, il mesure 190 mètres de long, sur son grand axe, et 50 mètres de haut; 27 000 spectateurs pouvaient y assister aux combats de gladiateurs, mises à mort, chasses d'animaux sauvages et jeux du cirque. Les gradins de la première section, réservés aux prêtres et aux vestales, étaient en marbre.

Dion Cassius rapporte que, pendant les cent jours de fêtes qui marquèrent son inauguration, 9 000 bêtes sauvages y furent mises à mort. L'arène pouvait aussi être remplie d'eau et des combats navals y étaient organisés. Habituellement découvert, le Colisée pouvait recevoir une immense voile en cas de pluie ou de chaleur intense.

Bien qu'ayant souffert des tremblements de terre et du pillage des hommes, ce monument demeure l'orgueil des Romains et contribue à l'émerveillement du visiteur.

Vespasiennes
L'argent n'a pas d'odeur

> « *L'argent a bonne odeur,*
> *d'où qu'il vienne.* »

Juvénal

Toilettes, W.C., « petits coins », la langue française ne manque pas de termes pour désigner ces lieux d'aisance, « là où le roi allait tout seul », sans compter les nombreux mots plus ou moins évocateurs utilisés dans la langue verte.

Le mot « vespasienne » désigne les urinoirs publics (remplacés depuis quelques années par les plus modernes « sanisettes ») en forme de guérite, établis sur les quais et les boulevards parisiens.

Elles doivent leur nom à l'empereur romain Flavius Titus Vespasianus (Ier siècle de notre ère) qui entreprit une politique de grands travaux à Rome, tels le Colisée et la reconstruction du Capitole. Il eut recours à la multiplication des taxes et impôts que durent supporter les Romains. Cette gestion rigoureuse lui valut une réputation d'avarice. Une de ces taxes est demeurée célèbre : Vespasien décida de réglementer sévèrement l'utilisation des latrines publiques, interdisant un laisser-aller bien naturel. Tout citoyen romain se devait, en cas de besoin urgent, d'acquitter «une taxe sur l'urine», perçue chaque fois qu'il utilisait une vespasienne.

Vespasien fut cependant un empereur remarquable d'humanité et de sagesse, le restaurateur d'un ordre bienfaisant dans l'Empire. Celui qui, au moment de quitter ce monde, se fit porter en déclarant qu'«*un empereur doit mourir debout*», pensait sans doute passer à la postérité pour ses conquêtes ou ses réformes et non pas pour cette «invention».

Vouer aux gémonies

Le mot « gémonies » vient du mot latin « gemere » (gémir), allusion probable aux gémissements des futures victimes dont le cadavre allait être exposé au peuple.

Dans l'ancienne Rome, la prison se trouvait sur les coteaux du Capitolin. Elle se composait en partie d'une grande chambre rectangulaire voûtée, sous laquelle se trouvait un cachot circulaire de 5 mètres de diamètre et de 2 mètres de haut. Nulle lumière ne pouvait y parvenir et le seul moyen d'y descendre était un orifice circulaire percé dans le sol de la pièce du haut.

Cette double construction servait de lieu de supplice aux criminels dont Rome voulait se débarrasser. Ils étaient jetés par le trou dans la pièce inférieure où les bourreaux les étranglaient à la lueur des torches. Les cadavres étaient ensuite remontés par un croc et exposés sur les marches des gémonies, double escalier qui flanquait la porte de la prison, face au Forum.

Après plusieurs jours d'exposition supposée faire réfléchir les Romains sur les dangers de s'en prendre à l'autorité, les dépouilles étaient jetées dans le Tibre.

Cette prison existe toujours et se visite gratuitement. Elle fut consacrée en 1539 en deux églises. Celle du dessus est dédiée à saint Joseph, l'inférieure à saint Pierre qui y aurait été détenu avant de subir le martyre.

De nos jours, on traîne quelqu'un aux gémonies quand on veut l'accabler d'outrages. De même, «vouer une personne aux gémonies» signifie la livrer au mépris public.

LOCUTIONS
MYTHOLOGIQUES

Avoir une voix de Stentor

L'expression est devenue proverbiale et doit son origine à *l'Iliade* où Homère nous décrit un de ces héros grecs aux qualités surhumaines. Stentor, ce héros, participa au siège de Troie et est demeuré célèbre par la force de ses exhortations. L'homme, dit Homère, avait une voix éclatante comme une «trompette d'airain» et d'une force égale à celle de cinquante hommes robustes.

C'est la boîte de Pandore

Si Eve est, pour la Bible, responsable de la venue du mal sur la terre, dans la mythologie grecque, Pandore, la première femme de l'humanité, lui dispute cette réputation peu honorable.

Créée par Vulcain, faite d'argile, pétrie avec des larmes, Pandore fut pourvue de toutes les qualités : amabilité, adresse, grâce et beauté; elle reçut en plus l'intelligence, en cadeau des dieux qui voulaient ainsi s'approcher de l'œuvre parfaite. Pandore, qui en grec signifie «tous les dons», reçut aussi d'Hermès la ruse, la fourberie, l'art de la tromperie et de la séduction.

En réalité, il y avait, derrière tout cela, quelque piège. Jupiter craignait de voir les hommes égaler la puissance des dieux. C'est la raison pour laquelle il ordonna à Vulcain la création de la femme. Poursuivant son machiavélisme, Jupiter voulut que Prométhée, à qui il reprochait d'avoir volé le feu céleste pour animer les hommes, épousât Pandore.

En cadeau de mariage, Pandore reçut un collier d'or et une petite boîte bien fermée.

Redoutant quelque traquenard, Prométhée refusa épouse et cadeaux. Malheureusement, son frère, Épiméthée, ne sut résister à tant d'attraits et succomba aux charmes de la belle Pandore.

Incapable de réprimer sa curiosité, le jeune homme souleva le couvercle de la boîte de Pandore. À l'instant, son contenu, tous les maux et fléaux de l'univers, la faim, la soif, la guerre, la violence, se répandit sur la terre. Dépitée, Pandore regarda dans la boîte et n'y trouva rien : seule, dans le fond, restait l'espérance.

La locution proverbiale « la boîte de Pandore » est utilisée pour désigner ce qui est réputé être à la source de tous les maux.

Le dédale des lois

> *« Entrer dans ce dédale de dif-férences... »*

> Mirabeau

> *« Du code, ouvre-nous le dé-dale »*

> Boileau

Pour le néophyte, la Loi et les lois sont bien souvent incompréhensibles et seule l'aide d'un professionnel nous aide à nous sortir de ce dédale.

Perdus dans une ville inconnue ou en pleine campagne, nous recherchons notre chemin à travers un dédale de rues ou de chemins : *« Dans les dédales verts que formaient les helliers. »* (La Fontaine)

La tradition a réussi en une seule personne, une famille d'artistes athéniens du nom de Dédale, dont l'esprit fécond et les talents multiples sont à l'origine d'un grand nombre d'inventions. Dédale aurait créé les mâts et voiles des navires, la scie, la hache, le vilebrequin et le niveau, mais son nom est passé à la postérité pour avoir été l'architecte du labyrinthe construit en Crête à la demande de Minos. Cette construction n'est qu'une invention mythologique et seule la fable a développé l'idée selon laquelle Minos y aurait fait enfermer le Minotaure. Thésée parvint à tuer le monstre et à retrouver son chemin grâce au fil qu'Ariane (voir cette locution) lui avait remis sur le conseil de Dédale.

Irrité par ce qu'il considérait comme une trahison, Minos fit enfermer Dédale et son fils Icare dans le labyrinthe. Mais l'architecte connaissait son œuvre et parvint à déjouer tous les pièges et dédales qu'il avait inventés.

Pour s'enfuir de Crête, il réalisa des ailes de cire et de plumes pour Icare et lui. La légende veut que le fils de Dédale s'éleva trop haut et tomba dans la mer Égée (qui prit le nom d'Icarienne) lorsque la chaleur solaire fit fondre la cire de ses plumes.

Élever à la spartiate

Nous aurions tendance de nos jours à préférer l'expression «élever à la japonaise» si nous voulions signifier que dureté et rigueur extrêmes sont les caractéristiques d'une éducation.

Sparte, république de la Grèce ancienne, connut un pouvoir grandissant siècle après siècle, doublant sa population en quelques décennies. Joignant à sa puissance militaire et politique le développement des arts et des lettres, Sparte devint le premier des États de la Grèce.

De tels résultats ne pouvaient être atteints que grâce à une population prise en main et éduquée «à la spartiate».

Afin de devenir robuste, brave et pur, rompu à toutes les activités physiques, habitué à connaître et accepter volontairement toutes sortes de privations, à faire preuve d'un patriotisme exacerbé, le citoyen de Sparte était, dès son plus jeune âge, fondu dans un moule.

Chaque nouveau-né devait être présenté par ses parents aux 28 membres du sénat de Sparte qui décidaient si l'enfant devait vivre ou être tué. Les critères de choix étaient la bonne santé et la robustesse du nourrisson. Tout bébé chétif était impitoyablement éliminé, son corps jeté dans un ravin.

L'enfant restait dans sa famille pendant sept années puis était pris en main par l'État. L'éducation physique et militaire primaient. Discipline, bravoure, sens de la collectivité, dévouement pour l'État étaient inculqués à tous.

Afin de se confronter aux périls de la vie, le jeune Spartiate, alors âgé de vingt ans, devait subir l'épreuve de la survie en rase campagne. Pendant deux ans, livré à lui-même, il se transformait en fauve pour survivre. Il était autorisé à tuer les hilotes, esclaves totalement soumis à l'État, afin de s'endurcir au combat. Le vol, à Sparte, était quasiment autorisé et même encouragé, toujours dans l'optique de dresser le citoyen à subvenir à ses propres besoins par tous les moyens.

À Sparte, le mariage était obligatoire et les jeunes filles subissaient le même traitement que les hommes, s'entraînant à se battre entre elles presque nues dans les gymnases.

Les Spartiates étaient susceptibles d'être mobilisés pour la défense de la République jusqu'à soixante ans, autant dire toute leur vie. Ce que nous appelons aujourd'hui « périodes militaires » étaient régulièrement organisées pour réactiver leur ardeur guerrière.

Être dans les bras de Morphée

L'emploi de cette locution pour signifier «être endormi» est quelque peu pompeux et ne se rencontre plus guère qu'en littérature ou pour apporter à son discours une touche précieuse, sinon pédante.

Dans la mythologie, Morphée était le fils d'Hypnos (le Sommeil) et de la Nuit. C'est lui, qui, représenté comme un jeune homme tenant un miroir d'une main, des pavots soporifiques de l'autre, nous procure le sommeil en nous touchant de ses fleurs.

Une fois que nous sommes endormis, Morphée nous fait vivre à travers des rêves, dans lesquels il apparaît encore sous la forme (en grec, «morphé») de divers personnages plus ou moins fantastiques.

Être médusé

Le Radeau de la Méduse, célèbre toile de Géricault, nous rappelle l'horreur du naufrage, des noyades et l'anthropophagie des survivants.

Dans le film *L'Année des Méduses,* le héros tombe d'un bateau et meurt piqué par des centaines de ces êtres répugnants.

«Être médusé», dans le français courant, signifie «être frappé de stupeur, être pétrifié», comme l'étaient ceux qui regardaient Méduse, l'une des trois Gorgones, monstres fabuleux aux cheveux de serpents, aux dents de sanglier et aux ailes d'or.

Méduse, la seule des trois qui fut mortelle, était, au début de sa vie, d'une beauté inégalable et ses prétendants se comptaient par milliers. Neptune l'enleva et la déposa dans le temple de Minerve qui, se sentant outragée, se vengea en la transformant en l'être hideux et répugnant que nous avons décrit plus haut.

Elle pétrifiait du regard tous ceux qui osaient porter les yeux sur elle. Persée eut l'idée d'utiliser un bouclier poli comme un miroir afin de la voir sans la regarder en face. Il lui trancha le cou et fit cadeau de la tête du monstre à Athéna qui la fixa sur son Égide (voir «Sous l'égide de»).

Être sorti de la cuisse de Jupiter

« Jupiter est quodcumque vides »

(Jupiter est tout ce que tu vois)

Quand une personne se croit sortie de la cuisse de Jupiter, nous avons toujours affaire à un prétentieux, quelque peu vaniteux sinon crâneur. Le choix de Jupiter n'est pas dû au hasard, puisque dans la mythologie gréco-latine, il était le roi des dieux, le *nec plus ultra*, le dieu suprême.

Sauvé grâce à un stratagème de sa mère, Jupiter aurait dû être dévoré par son père Rhéa, après le traité que ce dernier avait conclu avec les Titans (voir « Un travail de Titans»).

Ayant reçu tous les dons, Jupiter connut le succès dans tous les domaines. Il foudroya les Géants qui avaient entrepris d'escalader le ciel. Du haut de l'Olympe, il précipita les Titans dans les Enfers. Jouissant d'un pouvoir absolu, c'est lui qui jugeait, punissait, réconciliait... Sa fureur était terrible, ses jugements sévères : Esculape fut lui aussi foudroyé, Ixion périt dans les Enfers, Tantale fut frappé, les princes cruels furent transformés en loups, d'autres en arbres. Pour punir les hommes de leur méchanceté, Jupiter déclencha un déluge.

Mais Jupiter n'est pas uniquement un dieu vengeur, impitoyable et justicier. Il est aussi le dieu plein de bonté, père de tout l'univers : il est tout, l'air, la pluie, la nature ; il préside à tous les actes de la vie des hommes, il est l'être suprême à qui tous vouent amour et adoration. Il protège les familles, veille sur leur foyer, punit le parjure mais aide aussi l'exilé, « il ouvre un œil éternel sur le monde », tout bien provient de lui, mais les punitions qu'il inflige sont toujours méritées.

Il n'est pas étonnant que son nom ait été donné à la plus majestueuse des planètes de notre système solaire, la plus grosse et la plus lumineuse. De couleur bleue, elle est 1 400 fois plus grosse que la terre. Il lui faut plus de 4 000 jours pour tourner autour du soleil à une vitesse de rotation extraordinaire, puisqu'elle tourne sur elle-même en moins de dix heures seulement.

Grande est donc la tentation pour certains de se croire sortis de la cuisse de Jupiter tant il est proche de la perfection. Peut-être disent-ils vrai puisque ce « père universel » eut d'innombrables enfants dont les plus connus sont Vénus, Pollux, Apollon, Diane, Mercure, Bacchus, Hercule et aussi sans doute d'autres êtres anonymes que nous côtoyons tous les jours, tous issus de Jupiter ou prétendus tels !

Être taillé en Hercule

Être fort comme un Turc (voir plus bas), puissant, robuste, costaud, vigoureux et, plus familièrement, être «un balèze, une baraque, un malabar»: nombreux sont les termes utilisés pour décrire la force physique de l'homme. Peut-être sommes-nous vraiment convaincus que *«la raison du plus fort est toujours la meilleure»* (La Fontaine, «Le Loup et l'Agneau»).

Pour les adeptes de l'entraînement physique et les amateurs de culturisme, être taillé en Hercule est certes le but à atteindre.

Doué d'une force prodigieuse et d'un courage à toute épreuve, Hercule (Héraclès chez les Grecs) est le plus célèbre des héros antiques qui, déjà dans son berceau, étouffa de ses mains deux serpents que Junon y avait traîtreusement glissés.

Une fois adulte, il fut pris d'un accès de folie dont sa femme et ses enfants furent les victimes innocentes. Condamné par l'oracle de Delphes à obéir à Eurysthée, roi d'Argos, il fut contraint d'exécuter douze entreprises périlleuses: les douze travaux d'Hercule.

1. À mains nues, Hercule étouffa à Némée, dans le Péloponnèse, un lion qui terrorisait la région et dont nul ne parvenait à se débarrasser.

2. Son combat contre l'Hydre de Lerne, monstre à neuf têtes, est resté célèbre. Chaque tête écrasée par sa massue donnait naissance à plusieurs autres. Il ne parvint à empêcher cette reproduction instantanée qu'en brûlant, à l'aide de tisons, la plaie faite sur chaque cou. Quant à la tête centrale, elle fut écrasée sous un énorme rocher.

3. Hercule parvint à capturer le dangereux sanglier qui dévastait la région d'Érymanthe en Arcadie. Il le ramena vivant à Eurysthée comme preuve de son succès.

4. Sur le mont Ménale, là où séjournait le dieu Pan, il captura la biche aux pieds d'airain et aux cornes d'or, après une poursuite qui dura une année; elle aussi fut ramenée captive à Eurysthée.

5. Sur les rives du lac Stymphale près du Péloponnèse, dans une puanteur horrible, vivaient une nuée d'oiseaux dont la tête, le bec et les ailes étaient de fer. Ces créatures immondes se repaissaient de chair humaine et Hercule reçut l'ordre de les détruire, ce qu'il fit à coups de flèches.

6. Les Amazones, guerrières et chasseresses farouches du Caucase, brûlaient, dit-on, le sein droit de leurs filles âgées de huit ans pour qu'elles puissent tirer à l'arc et utiliser leur lance avec une plus grande aisance. Quand elles avaient un enfant mâle, elles le conduisaient aux frontières de leurs États et l'abandonnaient. Ces femmes belliqueuses combattaient toujours à cheval, armées d'arc, d'une javeline et d'une hache, portant un casque à plumes flottantes. Malgré leurs nombreux succès guerriers, Hercule décida de lancer contre elles une expédition avec l'aide de Télamon, roi d'Égine, et parvint à les vaincre.

7. Hercule vint en aide à Augias, roi d'Élide, dont les écuries abritaient trois cents bœufs et n'avaient pas été nettoyées depuis trente ans. L'infection avait contribué à la propagation de la peste dans la région. La tâche étant irréalisable pour quiconque, Augias demanda à Hercule de mettre sa force à son service. En échange, il lui promit un dixième de son troupeau. Hercule accepta le marché et détourna le cours du fleuve Alphée qui se jette dans la mer Ionienne, pour le faire traverser les écuries. Augias n'honora pas sa promesse. Hercule se vengea en le tuant et en mettant à sac sa capitale.

8. Il délivra les plaines de Marathon du Minotaure qui, rendu furieux, dévastait le pays. Ce monstre fabuleux au corps d'homme et à la tête de taureau se repaissait de la chair de jeunes gens et jeunes filles.

9. Le roi de Thrace, Diomède, avait la fâcheuse habitude de nourrir ses chevaux de chair humaine. Confronté à Hercule, il fut tué et finit lui-même en pâture.

10. Géryon, un nouveau monstre à trois têtes et trois troncs, possédait d'importants troupeaux gardés par Orthos, un chien aussi horrible que son maître. Les ayant tués l'un et l'autre, Hercule s'appropria les biens du vaincu.

11. Les Enfers étaient sous la garde de Cerbère, chien à trois têtes dont les cous étaient hérissés de serpents. Couchée sur les rives du Styx, le fleuve des Enfers, la bête ne dormait jamais. Ses aboiements faisaient reculer les âmes qui essayaient de s'enfuir. Plusieurs tentatives pour l'abattre se révélèrent vaines. Seul Hercule osa l'affronter dans un corps à corps qui se termina en pleine lumière où le monstre périt.

12. Aux limites occidentales de la terre, les dieux possédaient un jardin dont la garde était confiée aux Hespérides, qui, avec l'aide d'un dragon à cent têtes, veillaient sur les pommiers divins. Après les avoir vaincus tour à tour, Hercule s'empara des pommes d'or dont les arbres étaient chargés.

Les exploits d'Hercule ne s'arrêtèrent pas à ces douze travaux. Longue est la liste des victoires remportées, des monstres vaincus, des tyrans abattus, des rivières détournées, des rochers fendus, des géants terrassés. Il demeurera à jamais le symbole de la force surhumaine que seules les flammes d'un bûcher firent disparaître.

Être un Joseph

> *« Eh bien, je ne sais si tu t'en rends compte, mais tu es un véritable Joseph. »*

> M. Pagnol,
> *Topaze*, Acte I, Sc. 7

Dans cette scène, Tamise reproche à son ami Topaze de ne pas avoir déclaré sa flamme et cédé aux avances d'Ernestine Muche, la fille de son directeur, bien que celle-ci l'ait *« positivement relancé »*.

Le « Joseph » dont parle Pagnol n'est point l'époux de la Vierge Marie, mais l'un des fils de Jacob et Rachel, né en Mésopotamie en 1743 av. J.-C.

Deux des frères de Joseph, jaloux de ce dernier, résolurent de le tuer mais en furent empêchés. Ils le vendirent cependant comme esclave au capitaine des gardes de Pharaon. La femme de son maître harcela sans cesse le jeune homme, espérant le faire succomber à ses charmes. Joseph, malgré les avances de plus en plus pressantes de sa maîtresse, refusa de répondre à sa passion. Peu encline à essuyer ce qu'elle considérait comme une rebuffade, la femme du capitaine accusa Joseph d'avoir voulu la séduire, prétendant qu'il aurait même tenté de faire violence et attenté à son honneur. Seul le cachot pourrait punir l'impudent.

À la scène 17 de l'acte I, Monsieur Muche porte contre le pauvre Topaze la même accusation non fondée :

« Ici même dans cette classe et sous les yeux de nos élèves épouvantés, n'avez-vous pas essayé de déshonorer ma fille ? »

Jouer les Cassandre

Plus d'un de nos brillants économistes affirment ne pas vouloir jouer les Cassandre en annonçant une quelconque embellie ou quelque nouvelle difficulté.

Ce don de prophétie, qu'ils refusent de s'octroyer, trouve son origine dans la mythologie grecque. Cassandre, fille d'Hécube et de Priam, reçut le don de prévoir l'avenir, cadeau d'Apollon, qui espérait, en contre-partie, s'attirer les faveurs de la jeune fille. Devant le refus de celle-ci, Apollon transforma ce don en cadeau empoisonné puisqu'il empêcha que l'on prêtât jamais foi à ses prédictions.

Pourtant la prophétesse annonça la ruine de Troie, prévint Priam et Pâris du funeste sort qui les attendait, conseilla de faire la paix avec les Atrides, voulut s'opposer à l'entrée du cheval de bois dans la ville de Troie; en vain, nul ne l'écoutait, et pourtant, chaque fois, ses prophéties se révélaient exactes.

Persécutée, Cassandre eut une vie qui ne fut plus qu'une longue série de souffrances et infortunes pour elle-même et sa famille.

Cassandre, que l'on représente le regard tourné vers l'avenir, fut célébrée par Eschyle dans *Agamemnon*, par

Euripide dans *Les Troyennes* et par Giraudoux dans *La Guerre de Troie n'aura pas lieu.*

Plus d'un penseur reçut le surnom de Cassandre en tentant de faire connaître la vérité à ceux qui ne veulent rien entendre.

Marathon politique, syndical

Ces expressions se retrouvent de temps en temps sous la plume de journalistes pour désigner un ensemble de rencontres entre le gouvernement et les partenaires sociaux. N'y voyez aucune allusion à une compétition, bien que les discussions prennent parfois un tour «sportif».

En fait, le mot «marathon» est utilisé pour suggérer l'intensité des efforts faits par les deux parties pour arriver à un accord.

Un autre marathon, celui de New York, le *nec plus ultra* pour les passionnés de la course à pied, se déroule chaque année en novembre et rassemble des milliers de coureurs sur 42,195 kilomètres. Cette distance très précise est celle qui séparait la ville de Marathon de celle d'Athènes.

En 490 av. J.-C., Miltiade fut nommé général en chef de l'armée athénienne pour faire face à l'invasion des Perses de Darius. Bien que dépassés par le nombre, les Athéniens parvinrent à repousser les envahisseurs et à remporter un succès qui s'annonçait plus qu'incertain.

Darius vaincu, la Grèce était sauvée et la première guerre médique terminée. Miltiade envoya une estafette à Athènes pour annoncer la victoire. Le soldat couvrit la distance en courant le plus vite possible. Une fois son message délivré, il s'écroula, mort d'épuisement.

Discipline reine des Jeux olympiques, le marathon commémore ce lointain exploit.

Mesures draconiennes (prendre des)

«Draconiennes», ainsi sont qualifiées les lois ou décisions d'une rigueur extrême, d'une sévérité excessive. Ce terme est dérivé du nom d'un législateur athénien, Dracon, vivant au VIIe siècle avant notre ère, qui est passé à la postérité grâce aux premières lois écrites à Athènes.

Ce code, rédigé par Dracon, était tellement sévère qu'il ne connaissait qu'une seule sentence, la mort, quelle que fût la gravité de la faute ou de l'infraction commise. L'exécution était suivie de la confiscation immédiate des biens du supplicié. Une telle atrocité et une telle iniquité firent dire que les lois de Dracon avaient été écrites avec du sang.

La réaction face à tant de dureté ne se fit pas attendre et Dracon fut contraint à la fuite. Il mourut à Égine et fut remplacé par Solon, l'un des «sept sages» qui s'empressa d'atténuer le caractère draconien des mesures prises par son prédécesseur.

Sous l'égide de...

« Le ravitaillement des villages isolés se fait sous l'égide des troupes de l'O.N.U. ...»

Dans nos démocraties, nous sommes placés sous l'égide des lois, sous leur sauvegarde, sorte de bouclier protecteur de nos libertés.

Dans la mythologie, l'Égide était effectivement un bouclier fait à partir de la peau de la chèvre Amalthée qui allaita Zeus enfant, bouclier dont Jupiter se servit dans son combat contre les Titans (voir «Un travail de Titan»), et dont il fit cadeau à Athéna après sa victoire. Cette dernière plaça la tête de Méduse sur le bouclier (voir «Être médusé»).

Athéna, déesse grecque adorée comme conseillère des dieux et des mortels, maintes fois statufiée avec son bouclier, demeure pour les Grecs, l'Athéna Polias, la protectrice de la cité sous l'égide de laquelle les habitants plaçaient leur ville.

Suivre le fil d'Ariane

Cette locution signifie que nous suivons la ligne directrice d'un raisonnement, une aide qui nous permet de mener à bien une entreprise ou de nous sortir d'une difficulté.

La mythologie grecque nous conte la légende du Minotaure, monstre fabuleux au corps d'homme et à la tête de taureau, enfermé dans le Labyrinthe, en Crète. Tous les neuf ans, Minos devait lui faire offrande de sept jeunes gens et sept jeunes filles.

Lors de la troisième «livraison», Thésée proposa de se joindre aux futures victimes du monstre et le tua en combat singulier.

Sur les conseils de Dédale, Ariane, fille de Minos et Pasiphaé, avait remis à Thésée une pelote de fil qu'il déroula derrière lui; il réussit ainsi à sortir du Labyrinthe en suivant le fil d'Ariane jusqu'à l'air libre.

Talon d'Achille
(C'est son talon d'Achille)

> « *Monsieur (est) un Achille conjugal qu'on ne saurait blesser même au talon.* »
>
> A. Second

Nous avons tous un talon d'Achille, notre point faible, la partie vulnérable de notre individu, le défaut dans notre cuirasse.

Achille, un des plus célèbres héros grecs, fut plongé par sa mère dans le Styx, le fleuve des Enfers aux eaux noires et glacées douées de pouvoirs magiques, dont celui de rendre invulnérable celui qui s'y baignait.

Après avoir prononcé une formule sacrée, Thétis plongea son nouveau-né dans le fleuve en le tenant par le talon qui devint le seul point vulnérable de son corps puisqu'il n'avait pas reçu le contact de l'eau.

Pendant le siège de Troie, une flèche atteignit Achille au talon et il en mourut.

Homère, dans *l'Iliade*, ne partage pas cette opinion sur la fin d'Achille, son personnage central. Selon lui, le héros, dont l'invulnérabilité n'était qu'une fable, fut tué alors qu'il combattait vaillamment devant Troie. Après avoir vaincu Hector dont il traîna trois fois le cadavre autour de la ville, Achille fut tué d'une flèche, certes, mais pas spécialement au talon et il en mourut. L'histoire raconte que les Grecs menèrent, autour de sa dépouille, un combat acharné qui dura une journée entière.

Tomber de Charybde en Scylla

Cette expression signifie tenter d'échapper à un danger pour se trouver confronté à un autre encore plus périlleux.

Selon la légende, Charybde était une Sicilienne, fille de Neptune et de la Terre, que Jupiter foudroya pour avoir volé les bœufs d'Hercule. Elle fut ensuite transformée en un gouffre périlleux au nord-est de la Sicile, non loin du port de Messine.

Charybde était donc la gardienne de ce détroit et, trois fois par jour, elle étanchait son énorme soif en engloutissant de colossales quantités d'eau, créant des tourbillons auxquels nul navire ne pouvait résister.

Scylla était une nymphe sicilienne aimée du dieu marin Glaucus. Jalouse de cet amour, Circé transforma Scylla en monstre répugnant. De désespoir, Scylla se jeta à la mer.

La légende mythologique veut qu'elle se transforma alors en rocher au corps de femme dont la tête et le buste émergeaient. Son corps était couvert de six têtes de chiens horribles dont les crocs s'enfonçaient dans la coque des navires en perdition dans le tourbillon formé autour du triste rocher. Pendant des lustres, Scylla se vengea ainsi de son triste sort en vociférant d'une façon telle que capitaines et équipages s'en trouvaient épouvantés.

Les navigateurs de l'Antiquité connaissaient le danger que représentait le passage du détroit de Charybde et s'efforçaient de changer de cap pour éviter le monstre. Malheureusement, ce faisant, ils allaient se faire drosser sur Scylla dont les six têtes ne faisaient qu'une bouchée.

Dans *l'Odyssée*, Ulysse parvint à naviguer entre ces deux récifs, mais six de ses compagnons y laissèrent la vie.

P.S. Il est surprenant de voir que les Anglais utilisent l'expression sous la forme inverse : «*To fall from Scylla into Charybdis*»; ce peuple de marins, le seul qui roule encore à gauche, naviguerait-il à contre-courant ?

Un travail de Titan

Colossal, gigantesque, herculéen, titanesque : autant de qualificatifs empruntés à la mythologie grecque, synonymes d'une force et d'une robustesse hors du commun.

Par opposition à un « travail de Romain » qui suggère une réalisation impressionnante d'ingéniosité architecturale et artistique, « un travail de Titan » s'applique de préférence à ce qui requiert une force physique considérable.

Les mythes grecs appelèrent « Titans » les six fils du Ciel et de la Terre. Leurs autres frères furent précipités par leur père dans le Tartare, abîme encore plus profond que les Enfers.

Leur mère, la Terre, incita les Titans à se révolter pour tenter de les sauver, tâche quasi irréalisable : mais malgré leur force et leur vaillance, les Titans, à leur tour, furent vaincus et relégués eux aussi dans le Tartare, là où les scélérats et les impies recevaient leur châtiment. Ils y côtoyèrent Sisyphe, les Danaïdes, Tantale et Cerbère qui y expiaient leurs forfaits.

LOCUTIONS BIBLIQUES

Détruire comme Sodome et Gomorrhe

En 1897 avant notre ère, en Palestine, la Pentapole comprenant Sodome, Gomorrhe, Séboïm et Adama fut ensevelie sous une pluie de feu et de soufre. Seule la ville de Ségor fut épargnée grâce à Loth qui y avait trouvé refuge.

C'est ce que nous apprend la Genèse (XIX, 1-29). Yahweh avait décidé la destruction de Sodome et de ses habitants dont l'impudicité, les crimes et la dépravation due à la sodomie étaient parvenus jusqu'à lui. Il décida donc de s'y rendre. Abraham, qui l'accompagnait, lui reprocha de vouloir faire périr indistinctement les coupables et les justes. Yahweh promit de ne pas détruire la ville s'il s'y trouvait ne serait-ce que dix justes. La perversion était telle à Sodome qu'il ne trouva pas les dix justes qui auraient pu apaiser son courroux.

Le feu et le soufre anéantirent Sodome et Gomorrhe ainsi que toutes les cités de la vallée, leurs habitants et leurs récoltes.

À leur place se trouve aujourd'hui la mer Morte dont le niveau se trouve à près de 400 mètres au-dessous du niveau de la Méditerranée. Le Jourdain et les rivières s'y jetant n'en ressortent pas mais s'évaporent sous la chaleur, créant une salinité telle qu'aucune vie n'y est possible à cause des dépôts de sel et de soufre.

Être comme saint Thomas

Thomas, ou l'incrédulité personnifiée, est souvent invoqué lorsque nous avons besoin de preuves tangibles pour être convaincus. Les mots ne nous suffisent pas, nous voulons voir et si possible toucher comme le fit Thomas, l'un des douze apôtres.

Après sa mort sur la croix et sa résurrection, le Christ demeura avec ses apôtres pendant quarante jours, avant de les envoyer de par le monde répandre sa parole.

Debout au milieu d'eux, Jésus leur montra ses mains percées et son côté blessé. Thomas n'était pas présent à ce moment et apprit la résurrection du Christ de la bouche de ses condisciples, mais, mettant leur parole en doute, il leur dit qu'il ne croirait le Christ revenu parmi eux que s'il pouvait en avoir une preuve irréfutable : « *Si je ne vois pas dans ses mains la marque de ses clous et si je ne mets pas ma main dans son côté, je ne croirai point.* »

Une semaine plus tard, la scène se reproduisit en présence de Thomas qui put, cette fois, se convaincre *de visu* et *de tactu* que son maître était bien de retour. Le Christ lui fit une remarque que l'on peut considérer comme un reproche : Thomas crut seulement parce qu'il avait vu, mais tous ne pourraient pas voir pour être convaincus et devraient croire en ce miracle sans en recevoir la preuve. Jésus lui dit : *« Parce que tu m'as vu, tu as cru. Heureux ceux qui n'ont pas vu et qui ont cru !»*

Après la dispersion des apôtres, Thomas alla prêcher l'Évangile aux Parthes et jusqu'en Inde avant de mourir en martyre.

Être le bouc émissaire

> *« Ne laisse personne choisir tes boucs émissaires. »*
>
> H. Michaux

Il n'est jamais agréable d'être un bouc émissaire, de se voir accuser de toutes les fautes des autres. C'était le sort funeste réservé à un bouc par le grand prêtre des Juifs.

Dans le Lévitique, la Bible nous fait comprendre qu'à l'époque, il ne valait rien d'être un bouc; l'animal avait toutes les chances de finir égorgé ou brûlé sur un autel, en compagnie de taureaux, chèvres, agneaux, colombes, etc.

Parfois un bouc avait, semble-t-il, plus de chance de s'en sortir indemne. Dans le Lévitique (XVI, 20/22), nous lisons que le prêtre devait prendre un bouc vivant et lui poser les deux mains sur la tête. Après les imprécations d'usage, tous les péchés, iniquités et fautes des enfants d'Israël passaient dans l'animal.

Un homme le conduisait alors jusqu'aux portes du désert et le laissait aller. Le bouc servait donc d'émissaire, sa mission étant de perdre dans le désert tous les péchés dont il était chargé.

Faux comme Judas

> « *Je sauverais Judas si j'étais Jésus-Christ.* »
>
> V. Hugo

> « *Mais que voilà qui est scélérat! Que cela est judas!* »
>
> Molière

Pour voir sans être vu, nous collons notre œil au judas de la porte; ce n'est pas très franc mais, reconnaissons-le, c'est bien pratique. Le dictionnaire donne «judas» comme synonyme de «traître».

«Donner un baiser de Judas», «être faux comme Judas», toutes ces expressions révèlent hypocrisie et fausseté.

Judas Iscariote, du nom de son village natal, faisait partie des douze apôtres du Christ. Par appât du gain, l'homme livra Jésus aux Romains pour trente deniers. Alors que le Christ se trouvait dans le jardin de Gethsémani, Judas arriva entouré d'hommes portant épées et bâtons. Il les avait prévenus: « *Celui que j'embrasserai est Jésus. Emparez-vous de lui et emmenez-le sous bonne garde.* » (Marc, 14-44)

Une fois son forfait accompli, Judas s'en retourna pour percevoir le prix de sa trahison. Rongé par les remords, le traître entra dans le temple, y jeta l'argent maudit et alla se pendre.

Malgré cette expiation, nous pouvons dire que jamais en vingt siècles, un homme n'aura rassemblé sur son nom autant de mépris et d'indignation, génération après génération.

Pauvre comme Job

Job était un patriarche juif (mentionné à plusieurs reprises dans la Bible), qui était « riche comme Crésus » et jouissait d'un bonheur sans égal entouré d'une nombreuse famille.

« *Il y avait dans le pays de Hus, un homme nommé Job; cet homme était intègre, droit, craignant Dieu et éloigné du mal. Il lui naquit sept fils et trois filles. Il possédait sept mille brebis, trois mille chameaux, cinq cents paires de bœufs, cinq cents ânesses et un très grand nombre de serviteurs.* » (Livre de Job, Prologue en prose, chap. 1 à 3)

Satan, le démon, jaloux de sa vertu, reçut de Dieu (Yahweh) la permission de l'éprouver et Job perdit d'un coup ses sept fils et ses trois filles ainsi que tous ses biens. Le corps recouvert d'une lèpre maligne, il ne pouvait s'asseoir que sur un tas de fumier, situation que l'iconographie populaire a maintes fois représentée.

Il dut, de surcroît, subir les reproches et railleries de son épouse et de ses amis, mais jamais sa patience ne fut ébranlée et jamais ses infortunes ne lui arrachèrent le moindre murmure, la moindre plainte.

À chaque nouveau malheur qui le frappait, résigné, le saint homme se contentait de dire : *« Seigneur, que votre volonté soit faite. »*

Dans « Le Livre de Job », le premier des Livres poétiques de l'Ancien Testament, nous lisons sous forme de poèmes le long calvaire enduré par Job qui se demande si Dieu n'éprouve pas quelque plaisir à poursuivre un innocent, à frapper l'œuvre que ses mains ont créée.

Devant tant d'endurance silencieuse, Dieu lui rendit, avec la santé, le double des biens qu'il avait perdus, ainsi qu'une nouvelle et nombreuse famille. L'épilogue en prose du « Livre de Job » nous dit qu'il *« vécut après cela cent quarante ans et (...) vit ses fils et les fils de ses fils jusqu'à la quatrième génération »*.

La langue française compte au moins deux autres locutions bien moins usitées en rapport avec la famille de Job. Ainsi dira-t-on d'une femme acariâtre et querelleuse : « c'est la femme de Job ». « Ce sont des amis de Job » fait référence à ceux qui adressent des reproches à un homme déjà frappé par le malheur.

Pleurer comme une Madeleine

Ici, n'est point fait allusion à la madeleine de Marcel Proust, qui « pleurerait » après avoir été trempée dans du thé.

Cette locution, que l'on emploie volontiers pour dire qu'une personne pleure abondamment, nous renvoie à Madeleine, une femme de Galilée, née près du lac de Génézareth.

Selon Luc (VII, 36 à 39), cette femme était une pécheresse dont la vie dissolue était connue de tous. Alors que Jésus se trouvait invité chez un pharisien, elle se présenta avec un vase plein de parfums. Se tenant aux pieds du Christ, elle se mit à les arroser avec ses larmes et à les essuyer de ses cheveux.

Ses péchés pardonnés, elle suivit Jésus pendant le restant de sa vie, s'attachant à ses pas et montrant une admiration sans limites. Sur le Golgotha, lors de la Passion du Christ, ses pleurs, lamentations et sanglots étaient intarissables. C'est encore elle qui annonça à Pierre et à Jean la résurrection de Jésus-Christ.

Nous ne savons rien de plus sur la vie de Madeleine; certains auteurs grecs pensent qu'elle serait morte à Éphèse en l'an 90.

En Provence, une croyance tenace raconte que Madeleine aurait débarqué à Massalia (Marseille) avec Marthe et Lazare pour fonder le couvent de Sainte-Baume.

Porter sa croix

«Chacun doit porter sa croix», réflexion fataliste qui laisse entendre que tout être humain connaît un jour le malheur et souffrira comme le fit le Christ lors de sa Passion.

Condamné à la crucifixion, Jésus fut conduit au Golgotha, encadré de soldats; il dut porter sa croix sur son dos, trébuchant et tombant à plusieurs reprises. Pour en finir plus rapidement ou peut-être par simple humanité devant les souffrances du Christ, un légionnaire contraignit l'un des badauds, Simon de Cyrène, à l'aider dans son calvaire.

Quel capharnaüm!

> *« Le plus beau désordre régnait dans cet élégant capharnaüm. »*

L. Daudet

L'exclamation nous est familière pour désigner un endroit où règne un grand désordre, un amoncellement d'objets hétéroclites.

L'origine en est la ville de Capharnaüm en ancienne Judée sur la rive du lac de Tibériade. L'endroit est célèbre grâce au séjour qu'y fit Jésus avec sa mère après avoir quitté Nazareth. C'est aussi l'endroit où il réalisa plusieurs guérisons miraculeuses : celle du paralytique (Marc, 2-1/2), de la fille de Jaïre (Marc, 5-22/43) et celle du serviteur du centurion. Quatre des premiers disciples du Christ étaient originaires de cette ville.

Située aux confins de la Syrie, de la Phénicie et de la Palestine, Capharnaüm jouissait d'une situation privilégiée, grâce à laquelle un commerce florissant s'y développa, amenant les collecteurs d'impôts chargés de la perception des droits de péage et de transit. Capharnaüm était aussi le siège des douanes romaines et les importantes pêcheries au bord du lac créèrent prospérité, activité débordante, dynamisme et vitalité, voire désordre.

Le sens aujourd'hui péjoratif de cette locution nous laisse penser qu'à ces qualités était aussi associée sans doute une certaine confusion.

Rendez à César ce qui est à César...

Empruntée mot pour mot à l'Évangile selon saint Marc (12), cette locution se complète par «... et à Dieu ce qui est à Dieu».

Telles furent les paroles prononcées par Jésus devant les pharisiens qui, après quelques flatteries, demandèrent hypocritement au Christ s'ils devaient payer l'impôt à l'empereur de Rome. Refusant d'être mis à l'épreuve, il leur demanda de leur montrer un denier. Sur la pièce étaient gravées effigie et inscriptions diverses. Jésus leur demanda alors qui les avait fait graver. Ils répondirent : «César.» Jésus leur dit donc de rendre à César ce qui lui appartenait. Étonnés de cette réponse sibylline, les pharisiens gardèrent le silence et s'en allèrent.

Aujourd'hui, nous utilisons volontiers cette citation, du moins dans sa première partie, quand nous voulons signifier qu'il ne faut pas attribuer à autrui la responsabilité d'une action ou la paternité d'une œuvre, lorsque nous savons qui en est réellement à l'origine.

Trouver son chemin de Damas

Cette locution très rarement employée, sauf chez les lettrés férus de culture biblique, signifie « se repentir, éprouver des remords ».

Elle doit son origine à la Bible, aux Actes des Apôtres, acte 9, qui nous raconte la conversion de Saül.

En l'an 2 de notre ère, Saül, adhérant aux principes de pharisaïsme, éprouvait une haine féroce envers les chrétiens, ne négligeant aucune occasion de les persécuter.

Un jour qu'il se rendait à Damas, il entendit une voix du ciel lui demander : *« Saül, pourquoi me persécutes-tu ? »* Muet de stupeur, il tomba à terre et fit ce que Jésus lui ordonna : il se rendit à Damas, se convertit et reçut le baptême.

L'ancien adversaire farouche des chrétiens se mua en un propagateur zélé de la foi. Il prit le nom de Paul (saint Paul), parcourut l'Asie Mineure et la Grèce, puis arriva à Rome où, sur l'ordre de Néron, il fut décapité le 26 juin 66.

Vieux comme Mathusalem

Mathusalem partage avec Hérode le qualificatif de « vieux ». Le nom de Mathusalem signifie en hébreu « qui a congédié la mort ». En effet, selon la Genèse (V, 25/27), Mathusalem vécut 969 ans. Ce patriarche, fils d'Énoch, naquit vers l'an 687 et détient (jusqu'à présent !) le record de longévité.

Ce nom est devenu nom commun pour désigner une personne qui vécut très longtemps; on dit alors « c'était un mathusalem ».

LOCUTIONS
LITTÉRAIRES

Agir avec machiavélisme

Voltaire définit comme suit l'un des principes du machiavélisme :

« Ruiner qui pourrait un jour vous ruiner; assassiner votre voisin qui pourrait devenir assez fort pour vous tuer. »

Dans son livre *Le Prince* (1513), Nicolas Machiavel a rédigé ce qui est considéré comme le code de la tyrannie. Tous les moyens, même les plus vils, sont bons à un prince pour garder le pouvoir. L'auteur pardonne tout au prince, pourvu que ses crimes soient perpétrés avec habileté.

Poison, tromperie, mensonge, meurtre, le prince est absous de tout à condition qu'il soit «fort, invincible, inexpugnable». Ainsi le prince, selon Machiavel, est-il prêt à affronter tous les envahisseurs et les mettre en déroute. Dans un dernier chapitre, l'auteur exhorte le prince à «délivrer l'Italie des Barbares» grâce aux moyens auxquels il est accoutumé. Le tyran se transforme alors en sauveur, la fin justifiant les moyens !

Dans le français courant, agir avec machiavélisme est révélateur d'actions et comportements empreints de mauvaise foi et hypocrisie.

Agir comme un sésame, une caverne d'Ali Baba

Se recommander de personnes bien placées peut agir comme un sésame et ouvrir bien des portes qui resteraient closes pour la majorité des hommes. Les connaissances, références et recommandations permettent souvent d'obtenir rapidement ce que de longues démarches ne peuvent garantir.

Autrefois, l'or agissait comme un sésame et maintes portes de prison s'ouvrirent comme par miracle pour laisser s'évader un riche prisonnier.

Dans *Les Mille et Une Nuits*, Ali Baba, caché dans un arbre, entendit le chef des voleurs prononcer la phrase magique : « *Sésame, ouvre-toi* », et aussitôt une porte s'ouvrit dans le rocher. Essayant à son tour, Ali répéta la phrase magique et put aussi pénétrer dans la caverne, « *espace voûté et élevé, bien éclairé et où de grandes provisions de bouche et des ballots de riches marchandises pouvaient se voir de tous côtés. Il y avait surtout de l'or et de l'argent monnayés par tas considérables* ».

L'expression « une caverne d'Ali Baba » est devenue populaire pour désigner un endroit où s'amoncellent toutes sortes d'objets hétéroclites.

Jouer les candides

Cette locution a une origine littéraire puisqu'elle fait référence au plus célèbre des personnages voltairiens, Candide ou l'Optimiste.

Nous jouons les candides quand nous affectons une innocence aussi naïve qu'ingénue par des regards ou des questions dénotant de la candeur.

Le héros de Voltaire personnifie la nature humaine par *« son jugement droit et son esprit simple »*.

Pour Candide, *« tout est pour le mieux dans le meilleur des mondes possibles »*, contrevérité qu'il pourra vérifier à ses dépens au cours de ses pérégrinations à travers le monde. Confronté à l'existence du mal, il finira par admettre que pour être heureux il faut *« avoir des amis et cultiver [son] jardin »*.

À travers Candide, Voltaire voulait critiquer la conception philosophique, résolument trop optimiste, de Leibniz, selon laquelle notre tendance naturelle nous pousse à faire le bien.

Revenons à nos moutons

Cette phrase est devenue proverbiale pour signifier «revenons au sujet qui nous intéresse, ne faisons pas de digression».

Elle trouve son origine dans *La Farce de Maître Pathelin*, écrite au XVe siècle par un auteur inconnu, dont le héros, Pathelin, un avocat sans client, trompe le marchand Guillaume afin de lui soutirer une pièce de drap.

Après la transaction, chacun des personnages pense avoir berné l'autre. Au moment de payer le drap, Pathelin, avec l'aide de sa femme Guillemette, feint d'être à l'agonie, prétend être mourant depuis des semaines, en proie au délire. Guillaume se demande si la transaction a vraiment eu lieu ou s'il n'a pas rêvé.

Le drapier est confronté ensuite à un autre problème : son berger Thibault l'Agnelet lui vole ses moutons. Doublement berné, l'homme confond et mélange les deux affaires, draps et brebis, mais décide de porter la cause devant le juge.

Dans la scène du procès, Guillaume, qui ne sait plus où il en est, s'embrouille tellement dans ses explications, parlant tantôt de drap, tantôt de brebis, que le juge ne parvient pas à le suivre et le rappelle à l'ordre :

« *De par le diable ! Vous bavez !*
  Eh ! ne savez vous revenir
  Au sujet sans entretenir
  La cour de telle baverie ?...
  Sus, revenons à ces moutons ! »

Finalement, Pathelin et Guillaume se feront berner à leur tour par le berger. Cette farce pourrait servir d'illustrations à plusieurs dictons : « à trompeur, trompeur et demi », « tel est pris qui croyait prendre » ou « l'arroseur arrosé ».

Se battre contre des moulins à vent

L'image des moulins à vent est bien souvent associée à celle de Don Quichotte, le chevalier à la Triste Figure, héros du roman de Cervantès.

Le moulin, avec ses quatre longues ailes mobiles, représentait un ennemi invincible; Don Quichotte, l'esprit perturbé, chargeait les moulins, lance en avant, aux cris de « Dulcinée ! » (la dame de ses pensées), en un combat inégal. L'Espagnol fut emporté dans les airs par une aile, devant les yeux effarés de son écuyer Sancho Pança.

À l'origine, la locution signifiait « se battre contre des chimères ou des fantômes, fruits de notre imagination ». Ce premier sens a quelque peu dérivé de nos jours et suggère plutôt un combat inutile tant la victoire est improbable.

Suivre comme un mouton de Panurge

> *« Si les moutons étaient appelés à voter, ils nommeraient le boucher pour les représenter. »*

M. Lachâtre

Cette locution d'origine littéraire, communément employée, trouve son origine dans le *Quart Livre*, chapitre VII, de Rabelais.

Le mouton a une réputation de douceur et d'innocence; c'est un animal faible et sans défense et quelque peu simplet.

Lorsque nous agissons «comme des moutons de Panurge», nous nous comportons sans faire usage de notre libre arbitre, nous contentant de suivre sans réfléchir, imitant le premier venu, quelles que puissent être les conséquences de nos actes. C'est ce qui fait dire que « le peuple fait comme les moutons » *(id.),* allusion à cet animal qui, placé dans un troupeau, passera là où est déjà passé un de ses congénères.

Rabelais illustre à merveille cette idée dans l'épisode des moutons de Panurge, dont le nom, en grec, signifie « rusé »; Panurge souhaitait acquérir un mouton et, après s'être disputé avec Dindenault, le marchand, il faillit en venir aux mains. Toutefois, faisant preuve d'une patience exemplaire malgré les brocards et moqueries de ce dernier, simulant une naïveté déconcertante, Panurge décida de se venger de l'agressif négociant.

Après un bref marchandage inutile, l'affaire fut conclue *« pour trois livres tournois »*. Choisissant une bête dans le troupeau, Panurge, sans un mot, *« jeta en pleine mer son mouton criant et bêlant »*. Tous les autres animaux le suivirent sans qu'il fût possible de les arrêter : *« Tous à la file sautaient dedans la mer et périssaient. »* Dans ses efforts pour les retenir, le marchand fut lui-même emporté et se noya en compagnie des autres moutonniers.

Tuer la poule aux œufs d'or

Cette locution bien connue est directement empruntée à La Fontaine. Dans la fable, l'homme tua sa poule, espérant trouver en elle un trésor puisque chaque jour elle lui pondait un œuf en or. Hélas, *« il la trouva semblable à celle dont les œufs ne lui rapportaient rien »*.

Ainsi, dirons-nous, par exemple, que certains pêcheurs ont tué la poule aux œufs d'or en ramassant beaucoup plus d'ormeaux qu'ils ne pouvaient en consommer ou en vendre, si bien qu'au bout de quelques décennies, ces mollusques marins devinrent si rares que la pêche dut être réglementée.

Un spectacle dantesque

« *Plus de mille tonnes de bombes sont tombées en une seule journée sur la ville de Sarajevo. C'était dantesque...* » La journaliste est filmée devant un immeuble éventré, suggérant ainsi l'enfer de flammes et de larmes que vécurent la veille les habitants de cette ville.

Le sens donné de nos jours à l'adjectif «dantesque» est galvaudé si nous nous référons à son origine littérai-re : « *Dantesque : qui est conçu dans le style et la maniè-re de Dante; qui imite le caractère sombre et sublime que Dante a inspiré à ses poèmes* » (définition dans le *Nouveau Dictionnaire Universel*).

Dante est, selon certains, l'auteur « *d'une des produc-tions les plus sublimes qu'ait enfantées le génie de l'homme* » (*id.*).

Ce poète italien du XIVe siècle est surtout connu pour sa *Divine Comédie*, composée de trois poèmes : l'Enfer, le Purgatoire et le Paradis.

Cette œuvre allégorique a été interprétée de maintes façons; certains y ont vu un caractère dantesque, en rai-son de l'horreur grandiose qui se dégage de la description donnée par le poète de l'Enfer.

Une situation cornélienne

Selon Corneille, il s'agit d'un conflit qui oppose « *l'impétuosité des passions aux lois du devoir et aux tendresses du sang* ».

Dans le langage courant, « être dans une situation cornélienne » signifie être confronté à un dilemme quand les décisions à prendre doivent être pesées avec soin, en tenant compte des conséquences du choix qui sera fait.

Nous sommes heureusement loin des situations où se débattent les héros de Corneille, situations extraordinaires, tellement peu vraisemblables et hors du commun. Cependant, le choix de l'auteur est délibéré et le spectateur admet sans sourciller les imbroglios, pourvu que le sujet des pièces soit toujours « soutenu par l'autorité de l'histoire ». Devant une situation historique hors du commun, les personnages sont donc eux-mêmes loin du vulgaire et réagissent d'une façon extraordinaire à un dilemme souvent inimaginable dans la vie courante.

En voici cinq illustrations :

Horace

Les villes de Rome et Albe devenues rivales décident de se battre, non pas armée contre armée, mais par l'intermédiaire de trois de leurs champions. Trois Horaces opposés en combat singulier à trois Curiaces. Or, il se trouve que ces soldats sont beaux-frères et que rien ne les oppose personnellement. Le dilemme est donc, pour les Horaces : faut-il accepter le combat par patriotisme ou perdre son honneur pour l'amour de leurs sœurs ? L'un des Horaces gagnera le duel et tuera sa propre sœur qui pleurait la mort d'un des Curiaces, son époux mais un ennemi, ce qui est impardonnable.

Le Cid

Pour Rodrigue, le problème est de combattre le père de Chimène, celle qu'il aime, ou de refuser et encourir les foudres de son père, un vieillard rendu encore plus susceptible par l'âge, et dont l'honneur fut flétri. Rodrigue a tout à perdre : s'il ne venge pas son père, il perd sa propre estime mais aussi celle de Chimène. Venger son père, c'est tuer le père de Chimène, mais aussi forcer l'admiration de cette dernière. Un véritable casse-tête que seul un héros cornélien peut résoudre.

Rodogune

Dans cette pièce, Cléopâtre se trouve devant un autre choix : satisfaire son appétit vorace pour le pouvoir ou ses sentiments maternels. Elle poignardera de sa main l'aîné de ses fils, qui avait pris le titre de roi sans son aval. Elle gouvernera ensuite au nom du second, après avoir tenté en vain de l'empoisonner.

Cinna

Dans *Cinna,* Auguste est partagé entre son désir de vengeance envers celui qui a conspiré contre lui et la clémence qui est l'apanage du souverain.

Polyeucte

Pour Polyeucte, le dilemme est encore différent : officier romain récemment converti au christianisme, il a épousé Pauline dont le père, gouverneur romain d'Arménie, a reçu l'ordre de pourchasser les chrétiens. Ici le choix doit se faire entre amour et sainteté. Polyeucte brisera les idoles et périra martyr de sa foi.

Une situation ubuesque

Absurde, insensé, incohérent, extravagant, saugrenu, grotesque, les synonymes d'ubuesque sont légion, comme si la langue française se plaisait à qualifier à l'envi ce qui est déraisonnable.

Le maître de l'absurdité dans notre littérature est, sans conteste, le personnage du père Ubu, un titre que revendiqua haut et fort son auteur, Alfred Jarry (1873-1907).

L'auteur a voulu concentrer dans son personnage et celui de mère Ubu, sa volage épouse, *« tout le grotesque qui fut au monde »*. Imbécile, méchant et même cruel, Ubu, sacré *« roi de Pologne et d'Aragon »,* se complaît dans l'arbitraire. Pour s'enrichir, il décide de tuer tous les nobles de son royaume et de s'en approprier les biens. Insatisfait de ses magistrats et financiers, il leur fait subir le même sort. Accompagné de ses trois sbires, il se voit contraint d'aller de chaumière en chaumière percevoir l'impôt. La menace de *« décollation du cou et de la tête »* convainc les paysans d'obtempérer.

Dans un paroxysme d'imbécillité délirante, le père Ubu déclare qu'une fois fortune faite, il tuera tout le monde et s'en ira.

Jarry assuma son personnage jusqu'au terme de sa brève existence au point de parfois s'identifier à lui.

Quelle odyssée !

Le dictionnaire définit ce mot comme « un voyage plein d'aventures ». La locution « quelle odyssée ! » est employée quand nous voulons marquer une surprise mêlée à quelque admiration, ou parfois compassion, à l'écoute d'un récit d'aventures qui nous sont narrées.

Bien sûr, ces aventures ne sont nullement comparables à celles d'Ulysse, le héros de *l'Odyssée*, le poème d'Homère, le père de la poésie grecque.

Ce dernier, dont la vie nous est connue grâce à Hérodote et Plutarque, quitta sa patrie pour de longs voyages d'Asie Mineure en Égypte et retranscrivit dans ses poèmes les mœurs des peuples qu'il rencontrait.

Dans *l'Odyssée*, Ulysse, qui comme l'écrit du Bellay « *a fait un beau voyage* », erra de contrée en contrée après la prise de Troie pour finalement retrouver Ithaque vingt ans plus tard.

Pendant cette odyssée, il alla chercher Pyrrhus dans l'île d'Argos, pénétra dans Troie en s'enfermant dans le célèbre cheval de bois, enleva les chevaux de Rhésus, obtint les armes d'Achille, dut affronter de nombreuses tempêtes, échappa à un cyclope, évita les enchantements de Circé, parvint à fuir les « Mangeurs de Lotus » qui voulaient lui faire oublier sa patrie, passa sept années dans l'île d'Ogygie prisonnier de la nymphe Calypso, évita les écueils et les dangers de Charybde et Scylla (voir « Tomber de Charybde en Scylla »), mais fit cependant maintes fois naufrage, perdit ses vaisseaux et ses compagnons.

Après de telles mésaventures, il aurait sans nul doute mérité de « *vivre entre ses parents le reste de son âge* » (du Bellay), mais à héros extraordinaire, il faut une fin hors du commun. Un oracle lui avait prédit qu'il périrait de la main de son fils. Il éloigna donc Télémaque mais fut tué par Télégonus, fils qu'il avait eu de Circé, ce qu'il ignorait. Télégonus, rejeté sur les côtes d'Ithaque par une tempête, commença à ravager le pays; Ulysse voulut l'en empêcher et y laissa la vie. Ainsi l'oracle s'accomplit-il.

LOCUTIONS DIVERSES

Les arcanes de la politique

Tout ce qui est secret et mystérieux, ce qui ne se dit pas, sauf à un cercle d'initiés, peut être qualifié d'arcanes, qu'il s'agisse du domaine des arts, des sciences ou de la politique.

Le terme (du latin «arcanum», secret) fait référence aux alchimistes qui disaient avoir découvert un remède infaillible afin de prolonger la vie *ad vitam aeternam*. Seuls les inventeurs connaissaient la composition mystérieuse et secrète de cette panacée.

Au XVe siècle, l'alchimiste et médecin suisse Paracelse donna une définition de l'arcane comme étant «une substance incorporelle, immortelle et dont la nature est fort au-dessus de l'intelligence humaine». Inutile donc d'essayer de comprendre !

Longtemps employé dans le langage médical, le mot «arcane» faisait référence aux remèdes mystérieux et sans aucune valeur scientifique, auxquels étaient prêtées des vertus curatives, élixir de longue vie ou de jeunesse éternelle, remèdes très prisés par les crédules en qui les charlatans ont, de tous temps, trouvé une proie facile.

Paracelse fit scandale en critiquant les plus grands médecins de l'Antiquité, allant même jusqu'à brûler leurs œuvres. Suite à ses démêlés avec la justice, il dut quitter

Bâle; après une vie d'errance et de dénuement, Paracelse mourut misérablement dans une taverne de Salzbourg, à l'âge de 48 ans. Triste fin pour celui qui avait prétendu posséder un moyen de prolonger la vie humaine de plusieurs siècles !

Avoir des yeux de lynx

> *« Lynx envers nos pareils et taupes envers nous »*
>
> La Fontaine

Le lynx est réputé avoir la vue si perçante (son nom est dérivé du mot grec « lumière ») que la locution « avoir des yeux de lynx » est passée dans le langage courant pour signifier « avoir une vue exceptionnelle ». Cependant rien ne prouve vraiment que l'acuité visuelle de cette espèce de chat soit particulièrement développée.

D'aucuns pensent que cette locution serait une déformation populaire de l'expression « avoir les yeux de Lyncée ». Cette explication flatte davantage l'imagination puisqu'elle se réfère à Lyncée, roi de Mécennie dans le Péloponnèse, l'un des Argonautes partis à la conquête de la Toison d'Or.

Lyncée avait reçu le don extraordinaire de voir à travers murs et murailles grâce à une vue littéralement « perçante ». Rien ne lui résistait : son regard parvenait aux extrémités du ciel, à travers la terre, jusqu'aux tréfonds des océans.

Pour les beaux yeux de la jeune Hilaïre, Lyncée provoqua Castor en duel et le tua, avant de devenir lui-même la victime de Pollux.

Avoir du toupet

« Être gonflé, avoir du culot », en un mot « oser ». Quel rapport peut-il y avoir entre ces expressions et « avoir du toupet » ?

L'origine de la locution « avoir du toupet » remonte au XVe siècle en Italie. À cette époque existaient dans ce pays les *« bravi »* (pluriel de l'italien *« bravo »*), les ancêtres de nos brigands, qui faisaient profession d'assassiner les gens sur demande, sorte de tueurs à gages que l'on payait pour se débarrasser d'un rival en amour, d'un concurrent agressif ou d'un quelconque ennemi. Les *bravi* étaient souvent employés par les grands seigneurs qui les commanditaient. Ils avaient quasiment pignon sur rue : il suffisait de frapper à leur porte, de désigner la victime à abattre et de remettre l'argent. Pendant longtemps, les *bravi* furent pratiquement impunis tellement ils étaient protégés. Toutefois ils ne souhaitaient pas être reconnus de quiconque quand ils perpétraient leurs forfaits : les reconnaître équivalait à donner le nom du commanditaire.

Quand ils exerçaient leur coupable activité, ils prenaient la précaution de rabattre sur leur visage un toupet de cheveux, qui d'ordinaire pendait sur le côté ou sur la nuque. De ces *bravi*, nous disons, en français, qu'ils avaient du toupet, quand, avec l'audace que nous leur reconnaissons, ils s'apprêtaient à passer à l'action. Ces hommes à la hardiesse reconnue, prêts à tous les coups de main, à accepter tout contrat, étaient bien souvent armés jusqu'aux dents : une arquebuse à la main, des pistolets à la ceinture, un couteau dans les jambières et un poignard dans la poche. Pour dissimuler leur visage, ils se paraient d'une résille (de nos jours, un bas fait l'affaire pour braquer une banque), et se laissaient pousser, en plus de leur toupet, de fort belles moustaches et une barbe hirsute qui masquaient toute la moitié du visage.

Cela fera du bruit dans Landerneau

> *« Mais voici qu'il y a du bruit*
> *dans le Landerneau politique... »*

Jules Vallès

Cette expression est utilisée également avec l'ajout « ... dans le Landerneau politique ». Elle caractérise une nouvelle de peu d'importance mais susceptible d'éveiller la curiosité publique.

Son origine est partagée. D'aucuns prétendent qu'elle provient d'une pièce de théâtre du XIXᵉ siècle sans réel rapport avec la ville du Finistère.

La seconde, plus ancienne, est plus originale et a la faveur des Bretons. Vers la fin du XVIIIᵉ siècle, lorsqu'une veuve de Landerneau était sur le point de se remarier, les habitants de la ville sacrifiaient à une coutume venant de la nuit des temps, mais tombée en désuétude pendant des lustres.

Les amis et connaissances de la future épousée se rassemblaient dans les rues de la ville en hurlant, agitant force cloches et faisant le plus grand tintamarre possible à coup de casseroles dans le but d'éloigner l'esprit jaloux du défunt mari.

C'est donc en apprenant le remariage d'une veuve que les habitants de cette région prévoyaient que cela ferait du bruit dans Landerneau.

Ce n'est pas le Pérou

Nombreuses sont les locutions françaises utilisant le mot Pérou : « C'est un vrai Pérou », « épouser le Pérou », « gagner le Pérou », « ce n'est pas le Pérou ».

Toutes font référence à la richesse de ce pays, du moins celle qu'il connut il y a fort longtemps, mais qui, « depuis belle lurette », s'est épuisée.

Quand les Espagnols eurent conquis l'Empire inca au XVIe siècle, ils apportèrent à leur pays une fortune fabuleuse.

Le Pérou peut être, encore aujourd'hui, divisé en trois parties :

• la côte, au pied des Andes, ne connaît pas la pluie mais la rosée nocturne et l'irrigation permettaient déjà la culture de la canne à sucre, du coton, de la vigne, de la muscade, du café, du cacao, du poivre et du tabac;

• la sierra, composée de montagnes élevées entrecoupées de vallées, permettait la culture des céréales et l'élevage;

• la Montana, couvrant les deux tiers du pays, était le domaine des animaux à fourrure.

Mais ce qui valut, par-dessus tout, au Pérou de passer pour un eldorado, un pactole, ce furent les mines. Les Espagnols asservirent les populations indiennes, main-d'œuvre bon marché pour l'exploitation des fabuleux gisements aurifères ou des mines d'argent de Potosi. Or, argent, mercure, cuivre et plomb, émeraudes et autres pierres précieuses, firent de ce pays une source miraculeuse où les Espagnols puisèrent sans vergogne jusqu'à épuisement.

De nos jours, la plupart des mines sont abandonnées; seuls quelques cours d'eau dissimulent encore de rares paillettes d'or.

Ce n'est vraiment plus le Pérou !

C'est Byzance!

«C'est Byzance!» peut-on s'exclamer devant une profusion de richesses, une abondance de biens ou un luxe démesuré.

Istanbul, autrefois Byzance ou Nouvelle-Rome, fut aussi nommée Constantinople du nom de l'empereur Constantin qui, forcé de quitter Rome, décida d'y faire établir l'Empire. Sa situation sur le Bosphore, la Corne d'Or, eut tôt fait d'attirer les ambitieux. Après Darius, roi de Perse, les Athéniens s'en emparèrent; ce fut le début d'un essor remarquable et d'un commerce florissant. La ville fut agrandie et embellie. Quand elle fut soumise à l'autorité de Rome, l'expansion de Byzance se développa encore grâce au droit de péage exigé pour accéder à la mer Noire, ce qui permit un contrôle total du commerce dans cette région.

Les arts y furent encouragés et l'architecture byzantine se propagea jusqu'en Occident, surtout en Italie (Pise, Venise, Ravenne). Palais impériaux, curie, thermes dignes de Caracalla, temples et plus tard églises, firent, au cours des siècles, la renommée de la ville.

Cette ville fut symbole de profusion et d'opulence. Jusqu'au Xe siècle, les architectes continuèrent d'élever des monuments remarquables, multipliant dômes et coupoles. Les sculpteurs idolâtraient les empereurs par des statues d'or et d'argent. Ces excès amenèrent finalement une décadence et dégénérescence de l'art byzantin, dues à une absence d'inspiration mêlée à une prodigalité excessive d'ornements et mosaïques.

Malgré une fin moins glorieuse, Byzance demeure cependant dans nos esprits le symbole de fastes et de somptuosité.

C'est galère !

> *« Que diable allait-il faire dans cette galère ? »*
>
> Les Fourberies de Scapin,
> **Molière**

Cette locution, récente sous cette forme, a la faveur des jeunes générations pour décrire une situation compliquée à laquelle elles se trouvent confrontées, dans leurs contacts avec l'administration ou dans leur course à l'emploi; elle est aussi utilisée par ceux qui s'efforcent de s'affranchir des paradis artificiels.

Le mot galère est alors pris comme adjectif : « c'est galère », c'est pénible et compliqué. Nous le retrouvons aussi sous la forme verbale « galérer », « souffrir la galère », toutes formes qui ne sont pas encore admises dans les dictionnaires. Quand quelqu'un déclare « j'ai galéré pendant vingt ans », il se réfère à un parcours semé d'embûches, échecs et déceptions. L'allusion est évidente.

Les galères étaient des navires où, de l'Antiquité au XVIIIe siècle, les condamnés servaient leur peine. « *On y condamna d'abord les bohémiens, les vagabonds, les faux-sauniers, les coupable de délits de chasse, puis tous les malfaiteurs. Un édit de 1564 fixa à 10 ans le mini-*

mum de la peine; toutefois on continua de prononcer
pour 3, 5, 6 ou 9 ans. (...) Les femmes, les invalides, les
estropiés et les septuagénaires n'étaient pas envoyés aux
galères. » (Dézobry et Bachelet)

Les forçats recevaient tout d'abord un nombre variable
de coups de fouets puis, enchaînés deux par deux au cou
et à la cheville, ils marchaient de chaque côté d'une
grosse chaîne jusqu'au port où la galère se trouvait
amarrée. Une fois à bord, ils étaient à nouveau enchaînés, chacun sur son banc derrière un aviron qu'ils allaient manœuvrer des milliers de fois, sous l'œil des
gardes toujours prêts à utiliser leur fouet.

Les galères étaient habituellement longues et étroites,
marchant à la voile et à la rame. De faible tirant d'eau,
elles pouvaient, grâce aux galériens, s'approcher des
quais. Bâtiments de guerre, les plus grandes embar-
quaient plusieurs centaines de soldats et de matelots
pour la manœuvre. Leurs cales pouvaient recevoir des
vivres et des munitions pour tenir deux mois en mer. La
chiourme, le nombre de galériens, dépendait de la taille
du navire. Les plus petits avaient 10 rameurs de chaque
côté; la galère la plus commune, la trirème romaine,
comptait 3 rangs de rames. Ordinairement, les grandes
galères avaient 52 rames mues par 6 rameurs, soit une
chiourme de plus de 300 forçats.

Grâce à cinq canons à la proue, six pierriers à bâbord,
autant à tribord et deux à la poupe, l'équipage devait à la
fois repousser l'ennemi mais aussi veiller à ce que la

chiourme ne se révoltât pas, d'où les deux pierriers de poupe qui, dirigés vers les rameurs, pouvaient les atteindre sur toute la longueur du navire.

Le 27 septembre 1748, une ordonnance de Louis XV supprimait les galères devenues inutiles dans les combats contre les vaisseaux de haut bord. Les galériens débarqués furent affectés aux ports et arsenaux; leur sort s'en trouva sans doute amélioré, car le risque de se noyer enchaîné à son banc dans une galère en perdition était la terreur de tous les rameurs pendant les combats.

L'habitude fit que les forçats demeurèrent longtemps des galériens dans la bouche des Français; plus tard, ils seront appelés bagnards, l'expression «c'est la galère» deviendra alors «c'est le bagne» (voir cette locution).

C'est la croix et la bannière

Voici une locution dont la signification a évolué avec les ans, et qui a même perdu aujourd'hui son sens premier.

La croix, tout d'abord, est celle du Christ, symbole familier que l'on retrouve partout dans la religion chrétienne. La bannière est un drapeau, un pavillon ou un étendard arboré par les troupes ou sur un navire. La croix est donc un symbole religieux et la bannière un symbole temporel.

Au Moyen Âge, quand un prélat ou un grand seigneur venait honorer une cité de sa présence, il exigeait souvent d'être accueilli avec la croix et la bannière. Cet honneur lui prouvait que les autorités religieuses et civiles étaient disposées à lui montrer tout le respect dû à son rang. *Vanitas vanitatis...*

De nos jours, l'expression « la croix et la bannière » a totalement perdu ce premier sens. Elle signifie que nous éprouvons une grande difficulté à faire quelque chose : « En cas de grève de métro, c'est la croix et la bannière pour arriver à l'heure au travail. »

Le passage d'un sens à l'autre peut sans doute s'expliquer par les difficultés auxquelles étaient confrontés les édiles chargés d'accueillir l'important personnage avec toute la pompe et la solennité requises.

C'est le bagne!

*« La critique, c'est le bagne à
perpétuité. »*

Traité de Style, Gallimard

L'expression est de moins en moins utilisée, peut-être
parce que, dans notre pays, le bagne n'existe plus depuis
1938. Nous l'employons encore cependant en une sorte
de cri de révolte, quand nous nous sentons exploités par
un travail pénible, ou privés de liberté comme l'étaient
les bagnards. Jean Valjean, Vidocq, Cayenne, autant de
noms auxquels s'associe une image qui fait encore fré-
mir.

La France compta quatre bagnes : Toulon (créé en
1748), Brest (1750), Rochefort (1767) et Lorient où
seuls étaient envoyés les soldats et marins condamnés
pour insubordination. En 1852, Napoléon III fit ouvrir le
bagne de Cayenne qui fonctionna donc pendant moins
d'un siècle.

Les Anglais expédiaient leurs droits-communs en
Australie ou Nouvelle-Zélande. Cependant ils gardaient
leurs prisonniers de guerre enfermés sur des navires
transformés en prisons, véritables bagnes flottants où
nombre de Français furent internés. L'un de ces marins
était en réalité une femme ; pour elle aussi, ce fut le
bagne ! Voici son histoire.

Julienne David, corsaire en jupon

1804. Portsmouth dans le sud de l'Angleterre. La longue file des matelots s'étirait lentement sur le quai. Sévèrement encadrés par les « red lobsters », les soldats anglais à l'uniforme rouge, une cinquantaine de marins français venaient de débarquer d'un brick embossé au large du port.

La fatigue et le découragement marquaient les visages hâves en partie recouverts d'un épais bonnet de laine. Par-dessus les culottes de grosse toile maculées de taches de goudron, pendaient sans ordre des chemises crasseuses, en laine tricotée, rayées de bandes horizontales qui avaient été rouges. Les prisonniers avançaient lentement sur les pavés du quai, certains pieds nus, d'autres portant les traditionnelles chaussures informes dont les marins français étaient dotés à leur engagement.

Le sous-officier, raide, les mains dans le dos, contemplait, satisfait, ces nouveaux arrivés qui allaient encombrer encore davantage les geôles de Sa Majesté. Parmi ces matelots rescapés d'un ultime combat, heureux marins qui avaient échappé aux boulets ennemis, se trouvaient une vingtaine de Bretons pour qui le métier de la mer était le seul qui se pouvait envisager. Fils et petits-fils de simples matelots, ils n'avaient jamais porté autour du cou le sifflet d'argent qui donne les ordres, ni sur la manche l'imposant galon de second maître ou l'épaulette de l'adjudant. Les autres étaient devenus marins par le hasard de la conscription. L'un, forgeron cévenol, fut transformé d'un coup de plume en gabier sur une frégate; l'autre, hier encore paysan provençal, aujourd'hui vigie dans les huniers. Tous avançaient lentement, en traînant les pieds, un maigre balluchon sur le dos ou les mains dans les poches, sous le regard désintéressé de la population du port pour qui ces convois de prisonniers se dirigeant vers le ponton n'étaient plus une nouveauté.

Parmi ces captifs se trouvait une femme déguisée en homme. Rien dans son accoutrement ni dans son allure ne révélait le véritable sexe de ce marin qui suivait la chaîne, si ce n'est peut-être une carrure plus fine que celle de ses voisins. Gardiens et détenus ignoraient que Jacques David était en réalité Julienne David, née près de Nantes.

Pendant la guerre de Vendée, elle s'était engagée dans les rangs des Blancs, contre-révolutionnaires dont les combats bouleversèrent la Vendée, la Loire Inférieure et le Maine-et-Loire de 1793 à 1796. Prisonnière, la jeune femme échappa aux Bleus, se réfugia à Nantes où elle endossa une défroque masculine et se fit enrôler comme corsaire sur *La Jeune Agatha*. Le capitaine ne s'aperçut de rien et l'inscrivit sous le nom de Jacques David, de Saint-Mars, 19 ans passé le 22 thermidor sur la prise *La Main de Dieu*. La supercherie fut cependant découverte et le capitaine ne voulut pas la garder à son bord; il craignait sans doute qu'une présence féminine sur son navire ne créât des complications au sein d'un équipage masculin peu enclin aux bonnes manières et au respect du

« sexe faible ». Julienne fut donc *« débarquée à Nantes, de gré a gré, le 6 pluviôse an VI »* après avoir touché sa part de prise. Cette dernière tentative sur mer n'avait pas déplu à la jeune fille qui décida de reprendre son identité masculine en 1804, alors que la marine impériale recrutait des marins. À Paimbœuf, un capitaine l'enrôla comme matelot et partit combattre l'Anglais. Mal lui en prit puisqu'il dut amener son pavillon et tout l'équipage fut capturé. Pour un simple matelot, la captivité signifiait de longues années sur un ponton. Julienne arriva donc à Portsmouth sans avoir révélé à ses vainqueurs sa véritable identité.

Au bout du quai, les soldats donnèrent l'ordre aux prisonniers de s'arrêter et de s'asseoir sur les pavés humides. Par groupes de dix, ils furent poussés sans ménagement sur une chaloupe dont on borda les avirons. Julienne vit le port s'éloigner. La chaloupe remonta l'estuaire d'une rivière et le ponton apparut, énorme, terrifiant, ancré à quelques encablures. C'était un ancien vaisseau de ligne démâté, désarmé de toute artillerie et dont les sabords étaient solidement grillagés. A bord de ce bagne flottant, mille à deux mille prisonniers *« expiaient (...) le tort d'avoir servi le pays et le chef qui les commandait »*. (Corbière, *Le Négrier*)

L'idée était ingénieuse, les tentatives d'évasion facilement contrôlables et les prisonniers trop entassés pour fomenter la moindre révolte. De la chaloupe, Julienne aperçut, derrière les épais barreaux des quelques sabords non grillagés, des visages pâles et maigres, des cous tendus à la recherche d'un peu d'air frais. Seules des odeurs d'eau croupie s'exhalaient de la rivière enveloppant les flancs ventrus et moussus du ponton. Sur le pont, Julienne remarqua les toiles sales et percées qui servaient d'abri aux prisonniers lors des rares sorties à l'air libre. Les gardiens étaient au nombre de quatre-vingts sous les ordres d'un lieutenant et d'un « master », son second. Un à un, les prisonniers français disparurent, avalés par l'écoutille et, pont après pont, s'enfoncèrent dans les entrailles du navire. À chaque niveau, le spectacle était le même, des visages de bêtes hagardes, en haillons, regardaient les nouveaux arrivés avec des yeux vides et résignés. La nuit, chaque prisonnier dormait dans un hamac qu'il devait replier chaque matin quand la cloche annonçait le réveil. Pour toute nourriture, chaque captif recevait quatre onces d'un pain infâme, soit à peine plus de cent grammes, de la viande ou de la morue avariées, quelques dizaines de légumes secs ou des pommes de terre. Le délabrement physique de certains prisonniers était effrayant. D'autres paraissaient plus forts, mieux nourris. Julienne apprit plus tard que, sur un ponton, comme dans tout autre bagne, il existait une hiérarchie parmi les prisonniers : il y avait des « pauvres » et des « riches », des faibles et des puissants, une véritable société en vase clos avec ses règlements et ses lois.

Le matelot Jacques David se vit désigner un hamac dans la cale, au-dessous du niveau de l'eau, là où aucun sabord ne s'ouvrait dans les flancs. À peine étaient-ils installés, qu'un ordre ramena tous les prisonniers au pied du panneau arrière et, à l'appel de son nom, chacun devait se présenter avant de regagner sa place par l'autre extrémité. Ces contrôles incessants avaient autant pour but de compter les prisonniers que de miner leurs espoirs d'évasion. Plusieurs fois par jour, les geôliers passaient une barre métallique sur les barreaux des sabords et sur les grillages afin de détecter au son tout début de sciage ou de descellement. La seule possibilité laissée aux prisonniers était de faire un trou dans la coque, de s'y faufiler, de glisser dans les eaux sombres de la rivière et d'échapper aux patrouilles sur les berges. Pour contrecarrer toute tentative de ce genre, les Anglais avaient installé une sorte de chemin de ronde en bois qui s'élevait extérieurement sur les flancs du ponton à environ trois mètres de la ligne de flottaison. C'est entre le niveau de l'eau et les pieds de la sentinelle qu'il fallait donc creuser, ni trop haut pour ne pas se faire voir ou entendre, ni trop bas pour ne pas faire entrer l'eau dans la coque. Ce travail de fourmi devait s'effectuer avec de petits morceaux de fer ou des lames de canif subtilisées aux geôliers. Les semaines passaient sans que le percement ne semblât progresser; millimètre par millimètre, le bois s'effritait, l'espoir vacillait mais ne s'éteignait jamais. Seuls des prisonniers vivant dans des conditions aussi dures pouvaient conserver patience et persévérance. Pourtant ils savaient qu'après avoir percé la membrure, aucun souffle d'air ne viendrait rafraîchir leur visage. Une feuille de cuivre restait encore, qu'il faudrait user pendant des semaines avant de pouvoir espérer se glisser au dehors. Quelquefois un trou était découvert grâce à la perspicacité d'un gardien, au manque de précaution d'un prisonnier ou à la faiblesse d'un mouchard. Les Anglais avaient compris le parti qu'ils pouvaient tirer des plus veules des marins en échange de nourriture ou de vaines promesses. Bien souvent le cadavre du traître était découvert; les marins avaient fait justice eux-mêmes.

Sans espoir d'évasion, Julienne ne put supporter longtemps cette vie à bord du ponton. Le découragement se transforma en désespoir et «une main secourable» lui tendit le poison qui aurait dû lui permettre de quitter cet univers. En vain, le poison s'avéra inopérant. Les Anglais soupçonnèrent-ils quelque chose après cette tentative de suicide? Nul ne peut le dire. Transférée à terre, ses conditions de détention s'améliorèrent quand elle fut affectée à l'infirmerie de la prison.

Jacques David, toujours prisonnier, fut reconnu huit ans plus tard par un détenu nantais qui s'empressa de révéler sa véritable identité aux gardiens. Comment ceux-ci ne se sont-ils jamais aperçus que ce corsaire était une femme, surtout après son suicide manqué, le mystère demeure.

Très vite, le nom de Julienne David fut porté sur la liste des prisonniers à libérer. Elle se retrouva à nouveau sur le quai de Portsmouth, en habits féminins cette fois. Son histoire se répandit en ville où la «jolie corsaire» éveilla même un grand succès de curiosité. Certains habitants, la trouvant avenante par son air et sa bonne grâce, lui proposèrent de s'établir en Angleterre, ce qu'elle refusa.

De retour à Nantes, elle reprit ses habits masculins et mena une vie misérable de jardinier et de garçon d'écurie. Connue sous le nom de Jacquot le Roulier, elle s'éteignit oubliée de tous le 27 janvier 1843 à l'Hôtel Dieu de la ville, à plus de soixante ans.

Coincer la bulle

Jadis, dans l'artillerie, les servants d'une pièce devaient utiliser une sorte de niveau à bulle pour calculer l'inclinaison de leur canon selon l'ordre reçu de leur officier ou du chef de pièce.

Une fois que l'angle de tir recherché était obtenu, ils bloquaient la bulle dans une certaine position et attendaient l'ordre de faire feu.

Entre ces deux opérations, les servants n'avaient rien à faire sinon attendre, d'où l'expression «coincer la bulle» et plus récemment «buller», synonyme de rester inactif, voire oisif.

Donner un coup de Jarnac

Cette expression proverbiale est très utilisée pour désigner un coup donné à l'adversaire d'une façon inattendue. Au sens figuré, elle signifie rendre un mauvais service à quelqu'un.

Au XVIe siècle, les coups « surprise » donnés en escrime étaient qualifiés de « jarnac » en souvenir d'un combat singulier qui opposa en champ clos, le 10 juillet 1547, Guy Chabot, sire de Jarnac, gentilhomme de la Chambre du roi François Ier, à un courtisan, François de Vivonne, seigneur de La Châtaigneraie.

Ce dernier força Jarnac à lui rendre raison après une affaire d'honneur mais le duel ne fut pas autorisé par François Ier. Il fallut attendre l'avènement d'Henri II et son aval pour que le combat eût lieu. Selon les rites de l'ancienne chevalerie, en présence du roi et de la cour, les deux hommes se rencontrèrent dans la forêt de Saint-Germain-en-Laye.

La Châtaigneraie était une fine lame et Jarnac semblait sur le point de succomber aux assauts lorsqu'il porta à son adversaire un coup imprévu qui lui coupa le jarret.

Le combat fut interrompu et l'on s'empressa de soigner et de bander le blessé. Se sentant humilié, La

Châtaigneraie ne parvint pas à survivre à ce qu'il considérait comme un affront insupportable. Il arracha les
bandages de sa jambe et mourut cette même année.

Épater la galerie

Cette locution a pour origine le jeu de paume. Ce dernier remonte à la plus haute Antiquité puisque Homère le mentionne dans *l'Odyssée.* C'était aussi l'amusement favori des Romains sur le Champ de Mars et dans les thermes.

Ce jeu n'apparut en France qu'au XVe siècle et, au début, la balle d'étoupe était envoyée avec la paume de la main. Les joueurs mirent ensuite un gant pour se protéger et, sous Henri IV, apparut une batte de bois puis une raquette. Les balles étaient lancées contre un mur dans une vaste salle. Le long de celle-ci courait un couloir couvert et protégé de grillages, derrière lequel se tenaient les spectateurs.

Ce couloir s'appelait « galerie » et les joueurs s'efforçaient, non seulement de vaincre leur adversaire, mais aussi de le faire avec art et humour, multipliant sauts acrobatiques et pirouettes dans le but d'épater la galerie.

Nous sommes loin du sérieux et de la solennité dont est empreint le célèbre tableau de David, *Le Serment du Jeu de Paume*, qui illustre un grand moment de la Révolution française.

C'est en effet le 20 juin 1789 que les députés du Tiers État, réunis dans la salle du jeu de paume du château de

Versailles, firent le serment à la quasi-unanimité de ne pas se séparer sans avoir donné une Constitution à la France.

Être au 7ᵉ ciel

« *Guizot habite le 7ᵉ ciel de la vanité.* »

Lymairac

Cette locution est utilisée pour signifier « connaître un bonheur sans partage, une félicité sans limite ».

Y aurait-il sept ciels ?

Les anciens, et même nos ancêtres du Moyen Âge, ignoraient la réalité de la voûte céleste et imaginaient ce qu'ils ne pouvaient expliquer. Pour eux, il y avait trois ciels : le zodiaque avec 12 constellations, la partie septentrionale qui en comptait 21 et la méridionale 27.

Les théologiens admettaient également l'existence de trois cieux : l'air, résidence des oiseaux, lieu de formation des pluies et du vent; le second était le ciel des astres fixés à une voûte solide en cristal pour laisser passer la lumière. Au troisième ciel se trouvait le Créateur.

Pendant longtemps, la locution fut « être au troisième ciel » et signifiait déjà connaître le bonheur, au Paradis, près de Dieu le Père.

Plus récemment, du troisième on passa au septième ciel, sans pour cela dire ce qui se trouve aux ciels intermédiaires. Sans doute la béatitude va-t-elle croissant au fur et à mesure que nous nous élevons.

Cependant, le choix de 7 n'est probablement pas fortuit. Nous savons que le chiffre 7 connaît un caractère sacré chez les Juifs, le sabbat revenant le septième jour. Nous le retrouvons dans de nombreux exemples : le chandelier à 7 branches, il y avait 7 anges, 7 semaines séparent Pâques de Pentecôte, il y a 7 péchés capitaux, etc.

7, chiffre religieux, fut aussi privilégié par les païens sans doute à cause des 7 planètes. Rome est la ville aux 7 collines, les immolations se faisaient par 7, les autels étaient élevés au nombre de 7, la jachère durait 7 ans, il y avait 7 merveilles dans le monde, etc.

L'expression « être au 7e ciel » est aussi utilisée, bien que plus rarement, dans le sens de « maximum » ou « summum » pour caractériser l'orgueil d'un homme.

Faire comme le nègre

Lors d'une visite qu'effectua le maréchal Mac-Mahon, futur président de la République, à l'École militaire de Saint-Cyr, une revue des futurs officiers était prévue.

L'entourage du maréchal le prévint de la présence dans les rangs d'un élève officier noir originaire de la Martinique, ce qui à cette époque était exceptionnel. Ses conseillers craignaient que Mac-Mahon ne laissât transparaître une surprise qui serait du plus mauvais goût. Quand il passa les hommes en revue, il marqua un temps d'arrêt devant l'élève officier en question et aurait déclaré : « Ah ! c'est vous, le nègre ! Eh bien continuez ! »

D'où l'expression « faire comme le nègre » pour signifier ne pas interrompre une activité.

En un autre lieu, le même Mac-Mahon, devant les inondations catastrophiques qui frappèrent la France, ne trouva aucun autre commentaire que ce cri du cœur : « Que d'eau ! »

Faire partie du sérail

> *« Nourri dans le sérail, j'en connais les détours. »*
>
> *Bajazet*, Racine

À chaque nouveau gouvernement, à chaque remaniement ministériel, il est rare qu'il n'y ait pas un ancien ministre dont on dise qu'il fait partie du sérail.

À l'origine, ce mot persan désignait le palais du sultan et son harem, lieu où seuls les familiers étaient admis, milieu restreint réservé aux favoris du prince.

Aujourd'hui, par extension, un homme politique fait partie du sérail quand on peut dire de lui qu'il est un fidèle du président ou du Premier ministre ; bien que souvent dans l'ombre de son « maître », il est informé des dessous, des secrets, des intrigues, mystères et arcanes du pouvoir avant de connaître, à son tour, un poste de responsabilité au grand jour.

Depuis peu, certains membres de nos gouvernements ne font plus partie du sérail, venant de ce qu'il est convenu d'appeler « la société civile ».

Fort comme un Turc

> *« Les Turcs ont passé là. Tout est ruine et deuil. »*
>
> Victor Hugo

Les Turcs n'ont sans doute jamais eu une force physique plus impressionnante que quiconque. La locution «être fort comme un Turc» ne fait donc pas référence à la musculature mais plutôt à la valeur de ce peuple dont l'évolution fut exemplaire, quoique lente et progressive, à travers les âges.

Leur marche vers l'Occident prit des siècles et se fit toujours au prix de terribles luttes pour imposer leur domination et former l'Empire ottoman; une telle persévérance est sans égale dans les annales de l'humanité. Conquérants opiniâtres et tenaces, les Turcs ont laissé l'image de peuples courageux que ni les succès ni les échecs n'enivraient ou n'abattaient.

Il leur fut reproché un éternel air de supériorité allié à un orgueil sans limite et une foi en leur succès qui pouvait certes décontenancer et impressionner les peuples qu'ils tentaient d'asservir.

Lancer des brocards, brocarder

> « *Aux brocards de chacun vous allez vous offrir...* »

Molière

> « *Vous n'entendrez partout qu'injurieux brocards...* »

Boileau

Précepteur puis évêque de Worms, de 1012 à 1024, Brocard écrivit un important volume de décrets et donna même son nom aux principes ou premières maximes du droit.

Son autorité était telle que, lorsqu'un désaccord naissait entre les étudiants à propos d'une quelconque interprétation du droit, il suffisait d'alléguer ce que Brocard avait écrit pour que ceci fît autorité et ne souffrît point de réplique.

Par extension, « brocarder » quelqu'un signifie lancer des paroles mordantes ou des traits si piquants qu'aucune façon de rétorquer n'est possible.

Mettre le feu aux poudres

Cette locution imagée signifie faire éclater une dispute ou une bagarre par des discours, actions ou invectives lors d'une situation tendue.

Si nous prenons cette locution au sens propre, nous faisons référence à une pratique de la marine à voile, pratique heureusement rare, qui consistait à mettre le feu, avec une mèche longue, aux barils de poudre qui se trouvaient conservés dans la Sainte-Barbe.

Situés dans l'entrepôt d'un navire, on enfermait dans cette pièce, outre les barils et les mèches, divers objets sous la garde du maître canonnier.

Les capitaines donnaient parfois l'ordre de mettre le feu aux poudres quand ils jugeaient le combat perdu et qu'ils refusaient d'amener leur pavillon. Une fois le feu mis aux poudres, l'équipage se jetait à la mer. L'explosion était formidable et bien souvent elle entraînait par le fond le navire ennemi, attaché par les grappins jetés par-dessus bord lors de l'abordage.

Renvoyer aux calendes grecques

> *« Il s'éloigne des chiens, les renvoie aux calendes. Et leur fait arpenter la lande. »*

La Fontaine

«Je le ferai à la Saint-Glinglin, ou la semaine des quatre jeudis, ou quand les poules auront des dents», autant d'expressions pour signifier «le plus tard possible, sinon jamais».

Les calendes chez les Romains étaient le nom donné aux premiers jours de chaque mois. *« Ce nom venait de* calare, *« appeler », parce que, à l'origine, le mois commençant toujours avec la nouvelle lune, un petit pontife observait le lever de cet astre et l'annonçait au peuple. »* (C. Dezobry)

Dans la chronologie romaine, les calendes se comptaient par ordre rétrograde. Cette manière compliquée, quelque bizarre qu'elle paraisse de nos jours, est toujours utilisée dans le martyrologue, liste des martyrs et des saints, lue quotidiennement au Vatican.

Cette façon de compter n'existait pas chez les Grecs, si bien que «renvoyer quelque chose aux calendes grecques » équivalait à mentionner une date inexistante, ce que faisaient les Romains quand ils renvoyaient aux calendes grecques le règlement des sommes dont ils étaient redevables.

Se mettre sur son trente et un

Baptêmes, communions, fiançailles, mariages, toutes les heureuses occasions de la vie sont célébrées par une réunion où nous nous « mettons en beau » pour faire honneur à nos hôtes ou pour montrer notre dernière acquisition vestimentaire.

L'origine de l'expression n'est point certaine et celle qui me semble la plus vraisemblable nous est fournie par Claude Duneton dans *La puce à l'Oreille*.

Il s'agirait du 31 du mois qui n'arrive que sept fois par an. Selon Duneton, en Prusse, au XIXe siècle, les troupiers recevaient « un supplément d'entretien » pour terminer le mois. Ceci aurait été l'occasion d'organiser, tous les 31, quelques préparatifs particuliers en caserne ou quelques revues de détails au cours desquelles les soldats prussiens devaient astiquer, briquer, faire reluire, gratter, récurer, repasser tout leur fourniment, afin de paraître sous leur plus bel aspect, d'où l'expression « se mettre sur son trente et un ».

Tenir le haut du pavé

Il y a bien longtemps, quand les trottoirs et les caniveaux n'existaient pas encore, au milieu des rues, venelles et ruelles de nos cités, courait une rigole qui concentrait les eaux pluviales et autres liquides moins limpides.

En coupe transversale, les rues avaient donc la forme d'un V évasé, et si l'on ne voulait pas se souiller les chausses, mieux valait circuler au pied des maisons ou des murailles, c'est-à-dire sur la partie la plus haute de la chaussée. Les longues robes traînant jusqu'aux pavés se trouvaient parfois maculées s'il fallait faire un écart vers le ruisseau.

Qui faisait cet écart ? Les plus humbles face aux plus altiers, les plus démunis face aux plus huppés, les plus faibles face aux plus forts, les plus discrets face aux plus arrogants.

L'emploi du verbe « tenir » laisse entendre que celui qui se tenait en haut du pavé n'était pas disposé à laisser sa place ; il « tenait » l'endroit comme on « tient » une place forte et ceux qui possédaient une escarcelle peu remplie n'avaient que peu d'espoir de s'éloigner du ruisseau.

Tonnerre de Brest!

«Bachi bouzouk, ectoplasme, moule à gaufres...», la liste des insultes du capitaine Haddock est aussi longue que variée.

Il est moins surprenant d'entendre «Tonnerre de Brest!» dans la bouche de notre capitaine au long cours; l'expression ne fait cependant pas référence à quelque orage qui frapperait régulièrement le grand port breton.

En fait, l'expression date du XVIIIe siècle, à l'époque où Brest avait un bagne. Chaque fois qu'un bagnard parvenait à s'échapper, l'alerte était donnée par le canon d'alarme du bagne que l'on surnommait le «Tonnerre de Brest» à cause du grondement sourd que l'on entendait des lieues à la ronde.

Le bruit du canon était aussi le signal attendu par les innombrables bohémiens qui grouillaient aux alentours du bagne, appâtés par la récompense promise en cas de capture du fugitif. C'était donc une véritable meute qui se lançait aux trousses du prisonnier évadé.

Rares étaient ceux qui passaient entre les mailles. La troisième tentative de François Vidocq fut la bonne. Il avait été condamné pour faux à huit ans de travaux forcés à Brest.

En 1809, il fut décidé de créer une brigade de police composée d'anciens forçats dont Vidocq devint le chef. Il démissionna une vingtaine d'années plus tard pour se lancer dans les affaires. Son entreprise ayant fait faillite, Vidocq reprit du service dans la police en 1832. Chassez le naturel..., Vidocq fut renvoyé pour vol. Balzac s'en inspira pour son personnage de Vautrin.

Une vérité de La Palice

Une lapalissade, qui qualifie une remarque ou affirmation d'une évidence niaise, vient du patronyme déformé de Jacques de Chabannes, seigneur de La Palice, passé à la postérité grâce à une chanson.

La Palice aurait pourtant mérité l'hommage des générations pour ses exploits militaires seuls. Fidèle serviteur de Charles VII, Louis XII et François Ier, il remporta victoires et succès, de Ravenne à Marignan, de Marseille à Villefranche, et connut gloire et trépas en 1525 à la bataille de Pavie.

Mais, ironie de la postérité, ce glorieux capitaine ne nous est plus connu que par une chanson composée par ses soldats pour célébrer sa vaillance.

Les paroles auraient pour origine «l'Histoire du Fameux La Galisse» dont la niaiserie est sans égale. En voici quelques extraits :

*« Jamais il n'ôtait son chapeau sans découvrir
  sa tête »*
« Pour bien goûter au vin, jugeait qu'il fallait le boire. »
*« Ne faisant jamais d'enfant sans approcher
  sa femme. »*
« Quand il écrivait en vers, il n'écrivait pas en prose. »

La ressemblance entre les patronymes «La Palice» et «La Galisse», ainsi que l'air choisi pour la chanson, se trouvent à l'origine de cet amalgame fâcheux. Les auteurs ne s'encombrèrent pas des précautions d'usage et se contentèrent de modifier les paroles, celles-là mêmes qui nous sont parvenues à travers les siècles :

« Monsieur de La Palice est mort
Il est mort devant Pavie
Un quart d'heure avant sa mort
Il était encore en vie !... »

Vivre comme un nabab

Vous pouvez vous «offrir le luxe de travailler pour rien. Si vous êtes un nabab... »

Topaze Acte I, Scène 3, **Pagnol.**

À l'origine, les nababs étaient les princes de l'Inde qui vivaient dans l'opulence. Quand le pays passa sous la domination de l'Angleterre, les administrateurs anglais en Inde reçurent eux aussi le surnom de «nabab» quand ils rentraient au pays après avoir amassé d'énormes fortunes. Ils vivaient de leurs rentes, tels des nababs, contribuant ainsi à donner de l'Inde l'image d'un eldorado.

Voici le conseil donné à l'époque, cité par M. Lachâtre dans son *Dictionnaire Universel : «Tu es pauvre, on ne te regarde pas plus qu'un chien galeux, va à Calcutta et n'en reviens qu'au bout de dix ans, riche comme un nabab. »*

Si la grande majorité des nababs étaient anglais, un Breton lui aussi reçut ce titre si envié. Voici son histoire :

René Madec, nabab breton

Comme de nombreux jeunes Bretons nés sur la côte, s'embarquer semblait être le meilleur moyen de satisfaire le goût de l'aventure. Après avoir trouvé un embarquement sur un navire négrier, le jeune Madec, Quimpérois né en 1736, connut les dangers et l'exaltation de l'équipage confronté aux vents et aux tempêtes. Les Indes, par leur éloignement et l'exotisme qui s'attache aux pays différents du nôtre, suscitaient un attrait irrésistible auquel succombèrent grand nombre de Bretons de l'époque.

Le prestige de la Compagnie des Indes ainsi que la promesse de gains considérables, mêlés aux récits des marins rencontrés dans les bouges de nos ports, furent, pour René Madec, des raisons suffisantes pour s'embarquer vers les comptoirs français.

À Pondichéry, il rencontra Dupleix dont l'activité fébrile en faveur de «sa compagnie» nécessitait des hommes pour faire face aux Anglais. Madec s'engagea dans l'artillerie mais les déboires des troupes françaises ternirent quelque peu l'image qu'il s'était faite de la vie aux Indes.

Après avoir combattu les Anglais sur terre, il se retrouva engagé comme marin dans le corps expéditionnaire de Lally-Tollendal en 1757. Le matelot Madec n'appréciait pas davantage le combat sur mer et à la première occasion, il déserta... pour se retrouver prisonnier de l'ennemi.

Le sort amène parfois des comportements qu'il est difficile de prévoir. Madec, opposé maintes fois aux troupes anglaises, ayant pour elles les mêmes sentiments que la majorité des Bretons, allait s'engager dans l'armée britannique. C'était en fait la seule alternative (avec l'évasion) pour ne pas pourrir dans une geôle, condamné à mourir de faim à plus ou moins court terme. C'est ainsi que le Breton René Madec endossa l'uniforme haï pour participer, sous les ordres du commandant Adams, à la conquête du Bengale. Il s'y fit remarquer par son courage à la tête des autres « volontaires » français. Une nouvelle fois, il allait déserter avec ses hommes et rejeter dans l'oubli un uniforme qui ne lui seyait guère.

La petite troupe se fit mercenaire et offrit ses services au grand vizir de l'Empire moghol. L'expérience de Madec, ses combats sur terre comme sur mer, l'autorité dont il faisait preuve sur la troupe, influencèrent le vizir qui l'enrôla. Un troisième uniforme couvrit les épaules du jeune aventurier. L'allié d'hier redevenait l'ennemi d'aujourd'hui; placé à la tête d'une véritable armée, ses succès contre les Anglais eurent tôt fait de le rendre célèbre. La situation politique en Inde n'étant pas très stable, les victoires d'un prince étaient bien souvent suivies de difficultés et Madec, en vrai marin, louvoyait de rajah en rajah, essayant de son mieux de préserver sa fortune et les honneurs qu'il avait acquis au cours des dernières années.

Quimper était bien loin; on l'y avait presque oublié. Certes, ceux qui l'ont connu racontent en enjolivant un peu les récits de ses exploits rapportés par d'autres marins. Faire fortune ! À des milliers de lieues, tout grossit, surtout le nombre de pièces d'or que l'on peut avoir gagnées. Mais pour René Madec, rien n'était exagéré. Sa richesse égalait sa célébrité et l'une comme l'autre étaient considérables. Alors, que souhaiter de plus ? Rentrer au pays des ancêtres, retrouver son sol natal, la Bretagne où la mer est moins bleue et le ciel moins pur. Mais il y était né et ses racines, bien que coupées depuis de nombreuses années, semblaient avoir gardé quelque dernière vigueur, enfouies dans la terre d'Armorique.

Il s'était résolu à partir au moment où un Français, le directeur du comptoir de Chandernagor, cherchait à redonner à la France un blason aussi brillant qu'autrefois en faisant redémarrer l'activité commerciale des comptoirs français. Il était nécessaire pour cela de diminuer l'influence anglaise aux Indes en leur opposant les soldats indiens de l'empereur moghol. Le directeur du comptoir se tourna alors vers Madec pour qu'il prît leur tête. Accepter, c'était à nouveau courir l'aventure, amasser de nouvelles richesses. Mais cela retarderait d'autant le retour au pays. René Madec se laissa fléchir quand on lui proposa non pas un nouveau titre indien qui n'aurait rien ajouté à sa gloire dans le pays, mais un grade de capitaine dans l'armée française et la croix de Saint-Louis.

Voilà quelque chose de plus concret et de mieux compris sur les quais de Quimper que quelque titre incompréhensible ignoré de ses compatriotes.

L'aventure n'eut pas, pour la France, l'issue souhaitée, malgré les efforts de Madec dont la conduite à la tête de ses troupes fut héroïque. Ses premiers succès lui valurent de nouveaux honneurs de la part de l'empereur moghol qui le nomma «nabab» et bocci». *« Il était désormais le troisième personnage de l'empire des Indes. »* (cité par Y. Brékilien)

Le Breton se retrouva affublé d'un nouveau titre et propriétaire souverain d'une contrée aux Indes. Le roi Madec avait tout pouvoir pour administrer son royaume et ses sujets. Mais il est bien connu que l'argent ne suffit pas à faire le bonheur, et il rentra en Bretagne en 1779. Anobli par le roi de France, il reçut le grade de colonel en récompense des services rendus à la couronne.

De ses longues années passées aux Indes, outre gloire et renommée, Madec avait rapporté des trésors considérables qui lui permirent de se rendre propriétaire de terres et de châteaux dans la région de Quimper. C'est dans cette ville qu'il mourut le 17 juin 1784 en son hôtel, situé dans la rue qui porte aujourd'hui son nom.

L'humble jeune marin était devenu l'un des personnages les plus opulents et les plus célèbres de son époque, un vrai nabab en terre d'Armorique.

Bibliographie sommaire

La Bible, éditions diverses.

J. D. CLARE, *Bible Vivante*, Michel Lafon, 1994.

R. P. AUGUSTIN, *Histoire de la Bible*, Calmet, 1737.

C. DUNETON, *La Puce à l'Oreille*, Livre de Poche, 1982.

BAZAINE, *La Bataille du Rhin*, Plon, 1872.

M. LACHÂTRE, *Nouveau Dictionnaire Universel*, 1860.

DEZOBRY et DACHELET, *Dictionnaire de Biographie*, Delagrave, 1880.

Encyclopedia Britannica, année 1972.

Encyclopédie Américaine : New Pictorial Encyclopedia of the World, New York, 1955.

P. GUIRAUD, *Les Locutions Françaises*, « Que sais-je ? », P.U.F., 1962.

DUVERNOIS, *Les Moutons Célèbres*, Synergie Publicité, 1964.

LAGARDE et MICHARD, Collection complète, Bordas.

G. BONHEUR, *Qui êtes-vous, Napoléon ?*, Éditions Paris-Match, 1969.

W. RUDOLPH, *Bateaux, Radeaux, Navires,* Éditions Stauffacher, Zurich, 1975.

Larousse des Citations, 1980.

Dictionnaires divers.

Table des matières

LOCUTIONS MYTHOLOGIQUES

LOCUTIONS BIBLIQUES

LOCUTIONS LITTÉRAIRES

LOCUTIONS DIVERSES

IMPRIMÉ EN FRANCE PAR BRODARD ET TAUPIN
1197R-5 - Usine de La Flèche (Sarthe), le 03-01-1997.

pour le compte des
Nouvelles Éditions Marabout
D.L. janvier 1997/0099/1
ISBN : 2-501-02703-5